Maurice De Wulf

Die Philosophie des Thomas von Aquin

editiones scholasticae
Band 33

Maurice De Wulf

Die Philosophie des Thomas von Aquin

Aus dem Englischen übersetzt
von Rafael Hüntelmann

editiones scholasticae

Bibliographic information published by Deutsche Nationalbibliothek
The Deutsche Nationalbibliothek lists this publication in the Deutsche Nationalbibliographie; detailed bibliographic data is available in the Internet at http://dnb.ddb.de

Postfach 15 41, D-63133 Heusenstamm
www.editiones-scholasticae.de

ISBN 978-3-86838-536-6

2013

Printed on acid-free paper

Printed in Germany
by CPI buchbücher.de

Inhalt

Kapitel I

Einleitung

1. Der Ort des Thomismus in der mittelalterlichen Philosophie
2. Plan und Methode

I. *Der Ort des Thomismus in der mittelalterlichen Philosophie*. Vor einigen Jahren machte ich einen Rundgang durch die französischen Kathedralen unter der Führung eines Freundes, der Archäologe ist. „Wir sollten zuerst die Kathedrale von Amiens besichtigen", sagte er, „denn sie ist der Prototyp vieler anderer Kathedralen und es ist dort einfacher als anderswo, die Wölbung, die Ausrichtung, die Pfeiler und Stützen und all die anderen Elemente zu besichtigen, die zur Grammatik der gotischen Architektur gehören. Nach Amiens sollten wir uns Beauvais, Reims, Paris, Laon und Chartres zuwenden. Aber wenn wir dies tun, sollten wir uns stets rückbeziehen auf das, was wir in Amiens gesehen haben, um Ähnlichkeiten und Unterschiede herauszustellen."

Diese kluge Vorgehensweise, deren glückliche Resultate ich bezeugen kann, kann mit ähnlichem Nutzen auf das Studium der scholastischen Philosophie des dreizehnten Jahrhunderts angewandt werden, eines Systems des Denkens, das gleichzeitig auf das Innigste verbunden ist mit den großen Hervorbringungen der gotischen Architektur. Und genauso wie es zum Verständnis der strukturellen Methoden der mittel-alterlichen Architektur gut ist, ein Gebäude als Typ oder Modell zu nehmen, können wir keine bessere pädagogische Methode beim Studium eines Ideensystems, das als scholastische Philosophie bekannt ist, anwenden, als die Berücksichtigung eines typischen Ausdrucks des Systems, wie es uns von Thomas von Aquin in den Jahren von 1260 bis 1270 präsentiert worden ist. Dieses Vorgehen wird uns erlauben, jene Denker vergleichend zu untersuchen, die Lösungen für dieselben Probleme erarbeitet haben, etwa Bonaventura, Duns Scotus, Wilhelm von Occam und andere.

Es gibt noch eine weitere Überlegung, die erklärt, warum wir in dieser kurzen Übersicht zur scholastischen Philosophie hauptsächlich den Thomismus behandeln. Die scholastische Philosophie des dreizehnten Jahrhunderts ist ein allgemeines und unpersönliches Erbe, das ein Ergebnis vieler Generationen darstellt. Dieser ererbte Charakter – eine Eigenschaft, die man ebenso in der Architektur, der Skulptur, der Malerei, Literatur, den Rechtsstudien und der Theologie dieser Periode findet – ermöglicht uns deshalb, im Studium eines einzelnen Riesen des Denkens all das zu verdichten, was wirklich zum Ganzen der in Frage stehenden Periode gehört. Thomas ist der herausragende Repräsentant dieser allgemeinen Philosophie (*sententia communis*). Er ist weit mehr eine Vervollständigung des Vergangenen, als der Anfang eines neuen Trends des Denkens. Er war nicht der Entdecker all der Lehren, die sein philosophisches System ausmachen. Es ist eine Tatsache, dass er vergleichsweise wenige neue Ideen einführte; aber niemand bestreitet die Harmonisierung der Lehren, die er von seinen Vorgängern geborgt hat, und die Systematisierung philosophischer Begriffe der Welt und des menschlichen Lebens.[1] Er verkörpert die vereinheitlichenden Tendenzen, die überall in der Zivilisation des dreizehnten Jahrhunderts evident waren. Thomas gehörte zu einer Epoche großer Ideen und Leistungen, einer Epoche, in der die Menschen sich vorstellten, dass sie endlich eine permanente und dauerhafte Zivilisation realisiert hätten – in der Tat eine Position stabilen Gleichgewichts, die vollkommen die augustinische Definition des Friedens rechtfertigt: *Pax est tranquillitas ordinis*. Friede ist die Ruhe in der Ordnung.

Der pädagogische Zweck, den wir mit diesem kleinen Buch verfolgen, nötigt uns dazu, unsere Überlegungen auf die großen und zentralen Lehren des Thomismus zu begrenzen und die unzähligen Anwendungen solcher Lehren beiseitezulassen, die sich verstreut hier und da im gesamten Werk des Thomas von Aquin finden.

---

[1] Vgl. MAURICE DE WULF: *Geschichte der mittelalterlichen Philosophie*, Heusenstamm 2012 (Editiones Scholasticae, Band 18).

Auch sind wir nicht in der Lage die Beziehungen zu behandeln, die zwischen dem Thomismus und der Zivilisation bestehen, die zur gleichen Zeit herrschte. Ich habe dieses Thema in einem jüngst veröffentlichten Buch, *Philosophy and Civilisation in the Middle Ages*[2], behandelt, auf das ich die Leser hinweise. Einige der in diesem Werk entwickelten philosophischen Theorien werden hier wieder aufgenommen, aber von einem anderen Gesichtspunkt aus, so dass die beiden Bücher einander ergänzen.

Es gibt jedoch noch einen anderen Punkt, auf den ich hinweisen möchte: Wir beschäftigen uns nur mit scholastischer Philosophie und nicht mit scholastischer Theologie oder dem katholischen Dogma. Es ist zweifellos wahr, dass es enge Beziehungen zwischen der scholastischen Philosophie und Theologie des dreizehnten Jahrhunderts gibt. Die Philosophie leitet ihre Inspiration in einem gewissen Sinne von der Theologie ab, denn sie wurde in einer Zivilisation gepflanzt, in der Religion ein mächtiges Element war. Aber diese Philosophie ist nur in dem Sinne religiös, in dem man den Ausdruck auch ganz allgemein auf Kunst, Politik und Haushalt, soziale und ökonomische Institutionen anwenden kann. Das philosophische Werk des Thomas von Aquin bildet zusammen mit seinem theologischen Werk ein Diptychon, dessen zwei Flügel sich vollständig oder weitgehend gegenseitig ergänzen, wobei jedoch jeder seine unabhängige Bedeutung bewahrt. Dasselbe gilt von der *Göttlichen Komödie* Dantes; sie ist einerseits ein künstlerisches Gedicht, das „Himmel und Erde verbindet", und zugleich ein religiöses Buch, „das die Erlösung der Sterblichen aus ihrem Zustand des Elends und die Hinführung zum ewigen Glück bezweckt". Dasselbe ist auch auf die gotische Kathedrale anwendbar, die ein künstlerisches Wunder und ebenso ein Haus des Gebetes ist. Es ist durchaus möglich, die religiösen Verbindungen der scholastischen Philosophie zum Katholizismus beiseitezulassen und die religiösen Probleme nur insoweit zu bedenken, als sie in den Begriff der Welt und

[2] Nachdruck der Dover-Ausgabe 1953 erschienen 2012: Maurice de Wulf: *Philosophy and Civilisation in the Middle Ages*, Heusenstamm 2012 (Editiones Scholasticae, Band 23)

des menschlichen Lebens hineinwirken, gegründet auf die reine Vernunft.

Nur ein gewissenhaftes Studium des geschichtlichen Thomas von Aquin kann eine Person in die Lage versetzen zu beurteilen, wie weit die philosophischen Lehren des Thomismus ihren Wert heute behalten. Dies allein kann uns die Mittel bereitstellen, um die Theorien auszusieben, die wahr und lebendig sind, und sie von denen zu trennen, die falsch sind und in den Ruhestand versetzt werden müssen. Mit diesen Mitteln sollten wir in der Lage sein, solche Lehren, die nur eine Bedeutung für das Mittelalter hatten, zu unterscheiden von solchen Lehren, die in unsere Zeit verpflanzt werden können und weiterhin das Streben nach dem Ideal befriedigen, das für immer in der menschlichen Seele besteht.

II. *Plan und Methode*. Es bleibt noch eine Bemerkung zu dem Plan, dem wir folgen. In unserem Überblick über die scholastische Philosophie sollten wir der Klassifikation treu bleiben, die die Scholastiker selbst angenommen haben und die am Ende des Buches (XVIII) angezeigt und gerechtfertigt wird.

Das erste Kapitel wird dem Studium der menschlichen Tätigkeiten – bewusst oder unbewusst – und hauptsächlich dem Studium des Wissens und des Wollens (II – VII) gewidmet sein. Anschließend sollten wir über gewisse allgemeine Auffassungen nachdenken, die die Konstitution materieller Dinge betreffen, und zwar mit Bezug auf den Menschen (VIII – X). Ein weiteres Kapitel wird sich dem Studium Gottes widmen. Die erste Gruppe der Lehren entspricht dem, was die Scholastiker als den *theoretischen* Teil ihrer Philosophie bezeichneten.

Die Kapitel über die *praktische* Philosophie werden die grundlegenden Lehren über die individuelle Moral (XII – XIV), die Sozialphilosophie (XV), die Logik der Wissenschaften (XVI) und die Ästhetik (XVII) behandeln. Eine allgemeine Zusammenfassung wird die hauptsächlichen Charakteristika herausstellen, die zu diesem Lehrgebäude gehören (XIX).

Die in diesem Buch verwendete Terminologie ist die des Thomas von Aquin und seiner Zeitgenossen. Wir werden sie aber nur dann benutzen, wenn dies notwendig ist, und wir haben, soweit möglich, durchgehend versucht, für alle technischen Ausdrücke ein modernes Äquivalent zu finden oder zumindest zu zeigen, wie ihr Gebrauch sich von dem heutigen unterscheidet. Es ist jedoch unmöglich einige wichtige technische Ausdrücke zu vermeiden. Jede Wissenschaft hat ihr eigenes Vokabular – Chemie und Mathematik sind Beispiele dafür. Deshalb ist es nicht überraschend, dass die Philosophie auch ein eigenes Vokabular hat. Ich glaube nicht, dass es möglich ist dem Rat Lockes zu folgen, dass die Philosophie, sofern sie sich an die Öffentlichkeit richtet, die Sprache der gewöhnlichen Menschen verwenden solle. Alles, was erforderlich ist, ist eine Erklärung der verwendeten technischen Sprache in bekannten Ausdrücken.

Im vorliegenden Werk finden sich einige wenige Zitate, weil wir beabsichtigen, ein anderes Werk mit ausgewählten Texten zu veröffentlichen, die den Hauptschriften des Thomas von Aquin entnommen werden. Alle in Fußnoten zitierten Bücher sind von ihm, außer es wird ausdrücklich anderes erwähnt.

Kapitel II

Verschiedene Arten der Erkenntnis

I. Zentrale Stellung der Erkenntnistheorie
II. Zwei nichtreduzierbare Typen der Erkenntnis.
Erkenntnis einzelner Gegenstände und ihrer Formen
III. Abstrakte und allgemeine Erkenntnis
IV. Verschiedene Formen intellektueller Erkenntnis. Idee, Urteil, Argumentation
V. Das weite Feld des Bewusstseins

I. *Zentrale Stellung Erkenntnistheorie*. Die Scholastiker des dreizehnten Jahrhunderts widmeten den Funktionen des Erkennens und Wollens besondere Aufmerksamkeit. Sie betrachteten sie als einen eigenen und privilegierten Besitz des Menschen, der an der Grenze liegt, wo sich Materie und Geist treffen. Denn die Würde des Menschen folgt aus der gewissen Art und Weise des Erkennens, die ihm eigentümlich ist und die Verstand (*intelligence*) genannt wird. Dies müssen wir genauer bestimmen, um zu verstehen, in welchem Sinne die Scholastik als intellektualistisches System der Philosophie beschrieben werden kann.

Was ist Erkennen? Ein Gegenstand wird erkannt, wenn er auf eine gewisse Weise im erkennenden Bewusstsein gegenwärtig ist. Wenn wir einen Stein auf dem Weg liegen sehen, ist der Stein *in mir gegenwärtig*, aber nicht wirklich in materieller Weise, in der er außerhalb meiner selbst in der äußeren Welt gegenwärtig ist. Denn es ist vollständig klar, dass „der Stein nicht in mir ist, insoweit seine eigene eigentümliche Existenz betroffen ist".[1] In derselben Weise geht die materielle Existenz des Moleküls in keiner Weise in mich ein oder formt einen Teil in mir, wenn ich mental die konstitutive Natur des Wassermoleküls und das Gesetz, die dessen Zerlegung (H2O) beherrscht, begreife; aber in mir wird eine Art von Reflexion

[1] *De Veritate*, q 23, art. 1. *In lib. III de anima*, I, q. 9.

eines Nicht-Ich gebildet. Das Privileg eines Seienden, das erkennt, besteht genau in dieser Fähigkeit durch etwas bereichert zu werden, das zu etwas anderem gehört. „Erkennende Seiende unterscheiden sich von nicht-erkennenden Seienden durch diese Charakteristik: Nicht-erkennende Seiende haben nur ihre Wirklichkeit, aber erkennende Seiende sind in der Lage ebenso die Wirklichkeit eines anderen zu besitzen. Denn im erkennenden Seienden ist eine Gegenwart des erkannten Dinges, die durch dieses Ding hervorgebracht wird.“[2]

Worin besteht diese Gegenwart oder Reflexion des Gegenstandes in mir? Die Scholastiker geben nicht vor, dieses Geheimnis der Erkenntnis zu ergründen; ihre Erklärung ist lediglich eine Analyse der Tatsachen, die sich in der Selbstbeobachtung zeigen.

Sie beobachteten, dass Erkennen eine besondere Art von Sein ist, eine Modifikation oder eine lebendige Handlung des erkennenden Subjekts. „Das erkannte Ding ist gegenwärtig im erkennenden Subjekt nach der Weise des Seins des erkennenden Subjekts; es trägt dessen Zeichen.“ „Alles Erkennen resultiert aus einer Ähnlichkeit des erkannten Dinges im erkennenden Subjekt.“[3] Diese beiden Zitate, die bekannte Redeweisen waren, fassen gut die Auffassung der Psychologen des 13. Jahrhunderts zusammen. Infolgedessen resultiert Erkenntnis nicht nur aus dem Ding, sondern vielmehr kooperieren das erkannte Ding und das erkennende Subjekt in der Hervorbringung des Phänomens. Diese Intervention des erkennenden Subjekts zeigt uns, warum die Scholastik einen ‚naiven Realismus‘ zurückwies, der die Tätigkeit des erkennenden Subjekts missachtet und das erkannte Objekt für eine Projektion in unserem Geist hält, wie ein Bild in einem leblosen und passiven Spiegel. Auf der anderen Seite sind unsere Repräsentationen der Wirklichkeit glaubwürdig und entsprechen der Wirklichkeit, weil es eine Tätigkeit des erkannten Dinges auf das erkennende Subjekt hin gibt.

II. Zwei nichtreduzierbare Typen der Erkenntnis. Erkenntnis einzelner Gegenstände und ihrer Formen. Es ist von großer Bedeutung, dass die

---

[2] Summa Theol., I^a, q. 14, art. 1

[3] Cognitum est in cognoscente secundum modum cognoscentis. Omnes cognitio fit secundum similitutinem cogniti in cognoscente.

Scholastik zwischen zwei völlig verschiedenen Arten der Erkenntnis unterscheidet: sinnlicher und intellektueller Erkenntnis. Im Falle der ersten – die Wahrnehmung durch Sehen eines Eichenbaums zum Beispiel – ist alles, was ich erfasse, vereinzelt und individuiert und innigst verbunden mit den Bedingungen von Raum und Zeit. Was ich sehe, ist *diese* Eiche, mit einem Stamm *dieser* besonderen Form, mit einer Rinde mit *diesem* Rauigkeitsgrad, mit *diesem* besonderen Geäst und *diesen* Blättern an *dieser* besonderen Stelle des Waldes, und die von *dieser* besonderen Eichel zu *diesem* besonderen Moment der Zeit stammt. Wenn ich den Baum mit meiner Hand berühre, ist der Widerstand, der mir begegnet, *dieser* Widerstand, ebenso wie der Ton, den ich höre, wenn ich auf den Stamm schlage, *dieser* Ton ist. Jeder einzelne unserer äußeren Sinne (sehen, hören, riechen, schmecken, tasten) bringt uns in Kontakt mit etwas, das eigenes und eigentümliches Objekt dieses Sinnes ist und das dieser Sinn wahrnimmt unter Ausschluss aller anderen (*sensibile proprium*), z.B. Farbe im Falle des Sehens, oder aber das gemeinsames Objekt (*sensibile commune*) von mehr als einem Sinn ist, z.B. die Gestalt im Falle des Sehens und Berührens. Aber in jedem Fall ist die durch die Sinne wahrgenommene Wirklichkeit gekennzeichnet durch Individualität.

Dasselbe gilt von solchen Empfindungen, die als innerlich bezeichnet werden und die, nach der Klassifikation des scholastischen Systems, ihren Ursprung in sinnlichen Erinnerungen (a), sinnlichem Bewusst-sein (b), Instinkt (c) oder Vorstellungen (Imagination) (d) haben. Es gibt einfach sehr viele Bezeichnungen für psychologische Tatsachen, die ordnungsgemäß beobachtet und bezeichnet wurden. Einige Beispiele können dies verdeutlichen:

(a) Sinnliche Erinnerung. Wenn ich aufgehört habe eine Eiche anzusehen, bleibt in mir ein Nachbild, von dem gesagt wird, es bleibe „aufbewahrt“ in der Erinnerung, weil ich in der Lage bin, es zu „reproduzieren“. Deshalb besitzen wir in uns selbst ein Lager von Nachbildern, die wir durch die Sinne[4] erworben haben und die entweder spontan oder aber durch einen Befehl des Willens reproduziert werden können. Es ist klar, dass diese Spuren vergangener

[4] Thesaurus quidam formarum per sensum acceptarum *De Veritate*, q. 10, art. 2

Empfindungen, bewahrt und reproduziert in dieser Weise, ebenso individuiert sind wie die ursprüngliche Empfindung. Wenn ich mir eine Eiche vorstelle, wird dies immer eine Vorstellung *einer* individuellen Eiche sein. Wenn wir erkennen, dass eine sinnliche Wahrnehmung oder ein bewusster Akt unseres physiologischen Lebens eine gewisse Dauer hat oder nach einer anderen Tätigkeit stattfindet, ist diese Erkenntnis, die selbst eine sinnliche Erinnerung beinhaltet, auf die gleiche Weise individuell und vereinzelt und präsentiert uns *diese* besondere Zeit.[5] Die Erkenntnis einer vergangenen Zeit beinhaltet den Bezug auf bestimmte psychologische Ereignisse, die aufeinander folgen.

(b) Sinnliches Bewusstsein. Wenn ich eine Eiche sehe, gibt es außerdem etwas in mir, das mir sagt, dass ich sehe. Ich bin mir bewusst, dass ich sehe. Meine sinnliche Wahrnehmung wird von einem „sinnlichen Bewusstsein" gefolgt und der Inhalt dieses „sinnlichen Bewusst-seins" ist partikularisiert. Die komplexe Sinneserkenntnis dieser Eiche als eines Gegenstandes ist das Ergebnis einer Koordination vieler sinnlicher Wahrnehmungen, die von verschiedenen Sinnen kommen: der Höhe des Baumes, der Rauheit der Rinde, des hohlen Klangs, den der Stamm von sich gibt, wenn man gegen ihn schlägt. Es gibt Gründe, den höheren Tieren einen Zentralsinn[6] zuzusprechen, der die äußerlichen Sinneswahrnehmungen kombiniert, vergleicht und zwischen ihnen unterscheidet. Aber auch in diesem Fall ist das Ergebnis dieser Tätigkeiten individualisiert und wenn wir zum Beispiel zwei komplexe Sinneswahrnehmungen der Eiche vergleichen, ist jede diese selbst und nicht die andere.

(c) Instinkt. Dasselbe können wir anwenden auf die Weise, wie wir erkennen, dass eine Situation für uns oder andere gefährlich ist. Wir besitzen ein gewisses Unterscheidungsvermögen, das gewisse konkrete Verbindungen zwischen Dingen abschätzt. Wir fliehen natürlicherweise vor Feuer und ein schiffbrüchiger Mensch greift

[5] Diese besondere Zeit ist völlig verschieden von dem abstrakten Begriff der Zeit im Allgemeinen. Dieser gehört zu einer intellektuellen Erkenntnis (Kapitel VIII, 4).

[6] Dieser wird *sensus comminis* genannt, der völlig verschieden ist von dem, was wir heute *common sense* nennen. *De potentiis animae*, cap. IV.

instinktiv nach einer Planke, ähnlich wie ein Lamm einen Wolf als gefährlich ansieht und wie ein Vogel einen Ast an einem Baum als geeigneten Ruheplatz für ein Nest sieht. Dieser Akt sinnlicher Erkenntnis ist immer bezogen auf eine bestimmte, konkrete Situation.[7]

(d) Vorstellungen (Imagination). Die konstruktive Vorstellung, die das von der sinnlichen Erinnerung gelieferte Material nimmt und es zu allen Arten von phantastischen Bildern kombiniert - wenn ich mir zum Beispiel eine Eiche vorstelle, so hoch wie einen Berg, und Monster, halb Löwe und halb Mensch -, arbeitet mit dem, was vereinzelt ist. Was moderne Psychologen als zusammengesetztes Bild bezeichnen könnten, ist für die Scholastiker einfach ein vereinzeltes Bild, das aus anderen vereinzelten Figuren abgeleitet ist und zu einem individuellen Bild gemacht wird.

III. *Abstrakte und allgemeine Erkenntnis.* Selbstbeobachtung zeigt uns, dass wir eine andere Art von Erkenntnis besitzen, deren Charakter völlig verschieden ist von der, die wir in der sinnlichen Erkenntnis gefunden haben. Intellektuelle Erkenntnis ist nicht konkret und vereinzelt, sondern abstrakt und allgemein. Lassen Sie uns über diese zwei Bestimmungen nachdenken.

Der Akt des Sehens einer Eiche, lokalisiert an einer bestimmten Stelle, wird spontan begleitet von Ausdrücken wie „hoch", „zylindrische Form", „örtliche Bewegung", „Farbe", „lebendige Aktivität", „Zelle", „Materie", „Sein". Diese Begriffe sind wirklich von der Eiche abgeleitet, doch sind diese Aspekte der Wirklichkeit, die wir mit ihnen erfassen, nicht mehr gebunden an dieses besondere Individuum: sie zeigen mir die *Washeit* oder das *Wesen* (*quidditas, essentia*),[8] oder das, worin Höhe, örtliche Bewegung, Lebenstätigkeit, Verbrennung etc. bestehen. Wir beschränken unsere Aufmerksamkeit hinsichtlich der betrachteten Dinge auf gewisse Elemente,

---

[7] Im Falle der Tiere ist dies das Ergebnis eines *bloßen* Instinkts, durch den sie bestimmte Dinge als gefährlich einschätzen und andere als geeignet (naturalis aestimatio ad cognoscendum nocivum et conveniens). Menschen andererseits werden durch ihren Verstand geführt, „der Dinge gegenüberstellt, um sie zu vergleichen" (*Summa Theol.* I[a], q. 78, art. 4).

[8] Quidditas, quod quid est (τὸτί ἤν ἐ̓ιναι, des Aristoteles)

schließen alle anderen Elemente aus und entblößen diese von allen vereinzelten Bestimmungen. Abstraktion besteht genau in dieser Funktion und in nichts anderem. Worin die *Höhe* besteht, wird erfasst in Absehung von allem anderen, und dieser ausgewählte Aspekt der Wirklichkeit ist nicht mehr bezogen auf die Eiche. So hat der Begriff der Abstraktion seine etymologische Bedeutung (*trahere ab*, auswählen von, herausgezogen aus; Abstraktion wird gelegentlich bezeichnet als *praecisio mentalis*). Ich besitze eine Schatzkammer von Begriffen, die bezogen ist auf alle Arten und Klassen der Realität.

Dies ist genau deshalb so, weil dieser repräsentative Inhalt oder dieser Gegenstand[9] des Denkens (*id quod menti objicitur*) nicht länger vollständig gebunden ist an irgendeinen besonderen Eichenbaum oder einen einzelnen Menschen etc., weil er durch Reflexion gesehen wird als anwendbar auf eine unbestimmte Zahl von Seienden, die sich bewegen, die eine zylindrische Form haben, die lebendige Tätigkeiten zeigen, die materiell sind usw. Diese Anwendbarkeit ist unbestimmt – sie ist „universal" oder allgemein und umfasst sowohl mögliche als auch wirklich existierende Realitäten. Deshalb folgt Universalität aus der Abstraktion, wie Thomas bemerkt.

Ein *abstrakter* Begriff des Menschseins erfasst, *was* Menschsein ist im Unterschied zu dem Wassein eines Elefanten oder eines Radiumteilchens. Ein *universaler* oder allgemeiner Begriff des Menschseins beinhaltet, dass solch eine Realität eine endlose Vielzahl von Menschen repräsentiert. Ein abstrakter Begriff ist deshalb nicht notwendig universal, aber er kann es werden. Wenn wir dies berücksichtigen, sollten wir in der Lage sein, die scholastische Lösung des Universalienproblems besser zu verstehen.

Wir sagten weiter oben, dass es kein Ding wie ein allgemeines Bild gibt. Hier sagen wir, dass es ein solches Ding wie eine allgemeine Idee gibt, dass tatsächlich alle Ideen allgemein sind. Es gibt hier keinen Widerspruch. Aber solche, für die Selbstbeobachtung (Int-

---

[9] Gegenstand oder Objekt wird verstanden als Inhalt der Erkenntnis, als etwas *vor* unserem Geist: id quod menti objicitur.

rospektion) ungewohnt ist, sind sich oft nicht bewusst, dass es einen wichtigen Unterschied zwischen Bild und Idee gibt, der unseren beiden Aussagen zugrunde liegt. Der durchschnittliche Mensch bezeichnet ohne Unterschied diesen mentalen Inhalt als „Bild" und als „Idee". Reflexion wird uns jedoch zeigen, dass Idee und Bild völlig verschieden sind und dass jene allgemein ist und dieses nicht. Dies wird klar werden anhand des Beispiels eines geometrischen Theorems – zum Beispiel, dass die Winkel eines Dreiecks zusammen gleich zwei rechten Winkeln sind. Stellen wir uns nun ein Dreieck vor und sagen wir „ABC ist ein Dreieck" und so weiter. Aber dieses Bild eines Dreiecks ist ein einzelnes Dreieck, während unsere Argumentation auf jedes und alle Dreiecke passt, ob sie nun existieren oder nicht. Deshalb ist es offensichtlich, dass die Idee oder der Begriff des Dreiecks abstrakt und allgemein ist, während das Bild oder die Vorstellung dies nicht ist. Das Bild ist hier lediglich eine Hilfe für unsere geistigen Überlegungen oder Reflexionen.

Die Erkenntnis der Wirklichkeit durch abstrakte und universale Begriffe ist völlig verschieden von der vereinzelten, individuellen Erkenntnis der äußeren und inneren Sinne. Die Scholastiker betonen diesen Unterschied, indem sie die abstrakte Erkenntnis dem Verstand (*intellectus*) oder der Vernunft (*ratio*) zusprechen. Die herausgehobene Stellung, die die Lehre von der abstrakten und allgemeinen Erkenntnis in der Scholastik einnimmt und die wir als „psychologischen Spiritualismus" oder besser einfach als Intellektualismus beschreiben könnten, gibt dem System einen bestimmten Ort in der glanzvollen Gruppe, zu der Platon, Aristoteles, Augustinus, Platon und zu späterer Zeit Descartes, Leibniz und Kant gehören.

Die Abstraktion ist das Privileg und der unterscheidende Akt des Menschen. Sie ist ebenfalls die zentrale Tätigkeit unseres bewussten Lebens. Der Intellektualismus, der aus dieser Theorie resultiert, hat einen Einfluss auf alle Bereiche der Philosophie und wir werden sehen, dass die Rechte der menschlichen Vernunft auf jeder Stufe des Denkens verkündet und verteidigt werden.

IV. Verschiedene Formen intellektueller Erkenntnis. Idee, Urteil, Argumentation. So wie die sinnliche Erkenntnis vereinzelter Dinge viele

Formen hat, so zeigt auch die intellektuelle oder abstrakte Erkenntnis verschiedene Stufen – einfaches Erfassen, Urteil und Argumentation. Es sind alles grundlegende abstrakte Erkenntnisse, d.h. ein Verständnis dessen, *was* etwas ist, *abgesehen von den vereinzelnden Bedingungen, unter denen es existiert* oder außerhalb des Geistes in der Lage ist zu existieren. Was sind die psychologischen Merkmale dieser drei Formen des Denkens?

Im einfachen Erfassen oder im Begriff oder der Idee erfasst der Geist, was ein Ding ist, ohne Bejahung oder Verneinung von irgendetwas über das Ding. Beispiele: Dreieck, Quadrat, Ganzes, Teil.

Der Urteilsakt besteht in der Erkenntnis dessen, dass die Inhalte von zwei Ideen – oder zwei Gegenständen, die dem Geist gegenwärtig sind – sich in gegenseitiger Übereinstimmung oder Nichtüberein-stimmung befinden. Beispiel: Das Dreieck *ist* eine Fläche; das Dreieck ist *nicht* eine Kugel.

Der abstrakte Charakter, der zu all unserem Denken gehört, erklärt, warum der Geist Urteile bilden muss, d.h. diese gegenseitige Übereinstimmung oder Nichtübereinstimmung bejahen muss. Warum sagen wir „die Summe der Winkel eines Dreiecks *ist* gleich der Summe von zwei rechten Winkeln", „Wein wird zu Essig, wenn er der Luft ausgesetzt wird"? Warum genügt es nicht einfach die Ideen „Dreieck" und „Wein" zu bilden? Die Antwort liegt im Reichtum der Wirklichkeit[10] und in der Schwäche unseres Geistes. Wir sind unfähig, durch eine einzige Einsicht oder durch eine angemessene Intuition alles, was es gibt, zu erfassen. Nur die durchdringenden Augen Gottes können die Fähigkeit zur Erkenntnis der Dinge durch eine einzige Intuition erschöpfen, wie Leibniz sagt, und in einem Grashalm das Netzwerk der Beziehungen lesen, das die Geschichte des Universums konstituiert. Nur Gott ist fähig

> Zu sehen die Welt in einem Korn von Sand,
> Und den Himmel in einer wilden Blume,

[10] Mit Wirklichkeit meinen wir etwas, das nicht allein ein Produkt des Geistes ist – im Gegensatz zu einer unwirklichen Fiktion. Entweder existiert das Wirkliche, z.B. die Sonne, oder es ist ein mögliches Ding, z.B. ein Dreieck. Der Gegenstand der Idee „Dunkelheit" ist im Gegensatz dazu unwirklich.

Hält die Unendlichkeit in der Fläche deiner Hand,
Und die Ewigkeit in einer Stunde.[11]

Unser menschlicher Geist muss im Gegensatz dazu die Wirklichkeit stückweise und durch Teilaspekte oder teilweise Abstraktion erfassen. Wir jagen und verfolgen die Wirklichkeit, in der expressiven Sprache der Scholastiker gesagt (*venari*), begreifen sie aber niemals vollständig. Wir entdecken in einem Dreieck seine Eigenschaften und Beziehungen, wir begreifen die Tätigkeiten, die Reaktionen von Wasser. Dann, nach der mentalen Zerlegung, beziehen wir uns zurück auf die Sache, die wir studieren – nun wird es das Subjekt eines Urteils –; jeden und alle Aspekte entdecken wir während unserer geduldigen Untersuchungen. Diese verschiedenen Aspekte korrespondieren mit verschiedenen Prädikaten unserer Urteile. Deshalb sagen wir: „S *ist* P", „Wasser friert bei 0° C, es ist zusammengesetzt aus H_2O, es kocht bei 100°C usw." Der Geist vereinigt Dinge, nachdem er sie zerlegt hat, er bildet eine Synthese und präsentiert uns ein komplexes Objekt der Erkenntnis. Dies erklärt, warum der Begriff von Wasser, den ein Chemiker hat, einen viel reicheren Inhalt hat als eine gewöhnliche Person. Ebenso erkennt der Durchschnittsmensch in dem Fragment einer griechischen Statue nur oberflächliche Realitäten: Marmor, Härte, Weiße usw., während der Archäologe die ganze Statue in die Geschichte der Kunst hineinstellt und als Teil einer ganzen Zivilisation rekonstruiert. Urteile, die vereinen oder trennen (*compositio, divisio* sind scholastische Ausdrücke), beginnen und enden mit Abstraktion.

Daraus folgt, dass jeder der Aspekte eines Gegenstandes (S) ein Prädikat (P) eines Urteils werden könnte – nicht nur solche Aspekte, die Qualitäten oder Attribute sind, sondern auch sich zeigende Tätigkeiten, Zustände der Existenz, eine Beziehung, eine Situation in Raum und Zeit. Zum Beispiel zieht ein Pferd einen Schlitten, ist krank, hat mehr Ausdauer als ein Maultier, erschien in prähistorischer Zeit in Nordeuropa (P). Jeder dieser Aspekte, der eine Rolle in der Reichhaltigkeit des realen Objekts S spielt, ist rückbezogen auf S durch den Mechanismus des Urteils, durch den Gebrauch der Kopula *ist*. Das Verb *ist* zeigt keine Inhärenz im Subjekt in irgendei-

[11] William Blake: Auguries of Innocence, Works, Oxford Edition, 1914, p. 171.

nem dieser Aspekte, sondern die mentale Übereinstimmung des Subjekts und des Prädikats.

Dieselben Bemerkungen treffen auf den Prozess der Argumentation zu, der einfach eine Hervorbringung eines neuen Urteils durch das Mittel von zwei anderen Urteilen ist und dessen letztes Ziel die Erweiterung der abstrakten Erkenntnis über eine spezielle Materie ist (wie Pflanzen, menschliche Handlungen, Zahlen usw.), worauf eine besondere Wissenschaft ihre Aufmerksamkeit richtet.

V. *Das weite Feld des Bewusstseins.* So wie wir Zeugen unserer Sinneswahrnehmungen werden, so begleitet das Bewusstsein die Ausübung unserer Ideen, unserer Urteile und unseres Argumentierens.

Nicht nur ist jeder Akt des Denkens spontan von einer Art Intuition dessen, was in uns vorgeht, begleitet, sondern darüber hinaus von einem Streben des Willens. Wir können uns zurückwenden auf diesen Denkakt und entweder die Tätigkeit selbst als eine Modifizierung des Ich (psychologisches Bewusstsein) untersuchen, oder aber als einen mentalen Inhalt, eine Repräsentation von etwas (objektives Bewusstsein). Dies wird bewirkt durch eine Art Zurückwenden oder Umkehren, die wir nicht besser denn als eine Reflexion beschreiben können (Re-flexion: zurückbiegen). Wenn ich über die Idee einer örtlichen Verschiebung reflektiere, über das Leben oder irgendeinen anderen Gegenstand des Denkens, ist es dieser Gegenstand selbst, den ich an erster Stelle entdecke und den ich zum Material meiner Untersuchung mache (objektives Bewusstsein). Die subjektive Tätigkeit, die diese Untersuchung beinhaltet, die Beziehung des Gegenstandes zu mir selbst oder der interne Mechanismus meiner Tätigkeit (subjektives Bewusstsein) fordern alle eine weitere Konzentration, die viel schwieriger und komplizierter ist. Dies stimmt mit der thomistischen Lehre überein, dass unsere Erkenntnis, ob spontan oder reflexiv, uns „etwas" vergegenwärtigt, das nicht nur meine eigene Tätigkeit ist, wie die Idealisten behaupten.

Allein der Mensch besitzt dieses Privileg der Reflexion oder der Rückbeugung des Bewusstseins auf sich selbst, denn Reflexion ist ein eigentümliches geistiges Sein. Tiere reflektieren nicht; auch die menschlichen Sinne können dies nicht und dies ist der Grund, warum unsere Sinne unfähig sind, von sich aus die Illusionen oder Fehler zu korrigieren, deren Opfer sie werden können. Ohne Reflexion hätte ich kein Mittel zu erkennen, dass ein ins Wasser gehaltener Stock wirklich gerade ist, trotz des gegenteiligen Anscheins. Ich bliebe für immer überlistet von den Sinneserscheinungen, denn diese bleiben weiterhin bestehen, auch wenn die Reflexion sie korrigiert (VI, 5).

Das Bewusstsein begleitet nicht nur unsere Sinneswahrnehmungen und unser Denken, sondern auch gewisse Funktionen unseres physiologischen Lebens, unseres Strebens, Wollens, unserer Gefühle und Neigungen. Weiterhin begleitet es nicht nur die *Ausübung* unserer Tätigkeiten, sondern es erreicht auf einem eher dunklen Weg unser Ich, das in diesen Tätigkeiten existiert. „Ich denke, also bin ich" ist eine Intuition, die Augustinus und Thomas von Aquin lange vor Descartes formulierten.

Kapitel III

Wie unsere Erkenntnis geformt ist

I. Der Ursprung der Empfindungen. Psychologische und physiologische Aspekte
II. Der Ursprung der intellektuellen Erkenntnis

I. *Der Ursprung der Empfindungen. Psychologische und physiologische Aspekte.* Es gibt noch zwei wichtige Fragen bezüglich der verschiedenen Arten der Erkenntnis, die uns das Bewusstsein enthüllt: Wie sind sie geformt und was ist ihr Wert? Diese beiden Fragen sind völlig verschieden und sie bilden den Gegenstand der folgenden Kapitel. Hier werden wir zunächst diskutieren, wie Erkenntnis, ob sinnlich oder intellektuell, entsteht.

Sobald ein Kind zum Leben erwacht, bringen es seine äußeren Sinne in Kontakt mit etwas anderem als seinem Bewusstsein: mit der Farbe, dem Geschmack, der Gestalt, dem Widerstand, der Temperatur usw. der materiellen Dinge. Während des ganzen Lebens spielen Empfindungen eine Hauptrolle. Nach Auffassung der Scholastik erfordert eine Empfindung den Zustrom eines bestimmten erkannten Gegenstandes und die Reaktion des erkennenden Subjekts. Nehmen wir die Betrachtung einer Eiche als Beispiel. Die sinnliche oder psychische Kraft des Sehens leitet den Inhalt des Aktes des Sehens nicht von sich selbst ab. Ein von außen kommender und von mir empfangener Impuls ist ein unentbehrlicher Faktor, ohne den ein Akt des Sehens unmöglich wäre. Aber sobald dieser von der Eiche kommende Impuls von mir empfangen wird, reagiere ich auf diese Reiz und diese lebendige Reaktion vervollständigt die sinnliche Empfindung. Das ganze Phänomen wird von außen eingeprägt und von innen ausgebildet; es hat einen passiven und einen aktiven Aspekt. Die Scholastiker benutzten die Begriffe *species impressa* und *species expressa* zur Bezeichnung dieser beiden Aspekte (Eindruck und Reaktion), bezogen auf die sinnliche Erkenntnis des erkannten Objekts und des erkennenden Subjekts.

Thomas besteht darauf, dass dieser Sinneseindruck „nicht direkt erkannt wird" (*id quod cognoscitur*). Was im sinnlichen Bewusstsein gegenwärtig ist, was wir erfassen, ist das Ding selbst – die Eiche. Der Eindruck, den das Ding in mir hervorruft, wird nur durch einen Denkprozess erkannt. Wir begreifen, *warum* ein von einem äußeren Objekt kommender Impuls die notwendige Bedingung dafür ist, dass wir erkennen (*id quo cognoscitur*) – so wie eine Nerventätigkeit in der sinnlichen Wahrnehmung erforderlich ist, die auch nicht durch das Bewusstsein wahrgenommen wird. Wenn wir analysieren, was wirklich ist, schließen wir, dass etwas *sein muss.*

Das Phänomen, das wir gerade bedenken, ist ganz und gar psychisch, weil es vollständig in uns stattfindet und von kognitiver Art ist.[1] Deshalb ist das Problem des übertragenden Mediums der Empfindung davon völlig verschieden. Welches Medium ist es, durch das die Eiche, die, sagen wir zehn Meter von meinen Augen entfernt, meinen Organismus beeinflusst? Einige wenige Scholastiker, wie Heinrich von Gent, vermischten dieses Problem mit dem vorherigen. Im Unterschied dazu unterschieden Thomas von Aquin und Duns Scotus das Problem sorgfältig. Die Übertragung der physikalischen Tätigkeit des äußeren Gegenstandes durch die dazwischen liegende Luft oder das Wasser wird im Allgemeinen in Übereinstimmung mit ihren Begriffen der Physik behandelt, in deren Behandlung wir hier nicht eintreten müssen.[2]

---

[1] Die oben gegebene Analyse handelt nur von äußeren Empfindungen. Im Falle innerer Empfindungen wird die Spur äußerer Empfindungen verlassen, die eine Reihe von Akten der Vorstellung und sinnlichen Erinnerung in Bewegung setzt.

[2] Weil die *species* der Scholastiker nichts anderes als eine vitale Reaktion sind; weil der Impuls des äußeren Seienden (der Eiche) psychologisch ist, wäre es ein Missverständnis der scholastischen Lehre, die *species* als Partikel, die vom wahrgenommenen Körper abgetrennt sind und welche in den Wahrnehmenden übergehen, zu verstehen. Diese falsche Interpretation, die der Theorie des Demokrit von den εἰδωλα ähnlich ist, gehört zu einigen dekadenten Scholastikern des sechzehnten und siebzehnten Jahrhunderts. Diese Tatsache erklärt, warum Leibniz die scholastische Theorie der *species* verunglimpfte. Er schrieb: „Akzidenzien können sich nicht selbst von Substanzen trennen noch

II. *Der Ursprung der intellektuellen Erkenntnis*

Es gibt ein bekanntes Sprichwort der scholastischen und thomistischen Psychologie, das besagt, dass wir den Inhalt unserer abstrakten Ideen vom Inhalt unserer Empfindungen ableiten und durch dieses Mittel letztlich vom materiellen Universum. *Nihil est in intellectu quod prius non fuerit in sensu.*" Es ist nichts im Geist, das nicht zuerst in den Sinnen war. Unsere Ideen von Leben, Stärke, Größe, Bewegung, ausgeübter oder empfangener Tätigkeit, doppelt, halb, links, rechts usw. – alle diese und tausende andere gleich abstrakte Begriffe – sind abgeleitet von unseren sinnlichen Wahrnehmungen der Gegenstände um uns herum. Wir haben echte und direkte Erkenntnis nur von der materiellen Welt. Unser Geist ist eng verbunden mit unserem Körper und wir erhalten unsere intellektuelle Erkenntnis durch unseren physischen Leib.

Daraus folgt, dass auch unsere moralischen Ideen (Gerechtigkeit, Recht etc.) und unser Wissen von geistigen Dingen (der Geist, Gott) abgeleitet ist und ausgedrückt werden muss in materiellen Ausdrücken, durch die Mittel des Vergleichs, der Analogie, der Negation und der Transzendenz. Wir haben nur eine echte und indirekte Idee von dem, was geistig ist. Obwohl wir prüfen können, dass es so etwas wie ein geistiges Sein gibt, wissen wir nicht, worin es wirklich besteht, und unser schwacher Geist muss es sich durch die Anwendung auf die Begriffe des Seins, der Realität, der Kausalität usw. vorstellen, welche uns durch den Kanal unserer Sinne gegeben wurden.

Das Problem des Ursprungs unserer abstrakten Gedanken kann jedoch in der gleichen Weise gelöst werden, in der es für unsere Sinne gelöst wird. Wegen der besonderen Schwierigkeit ist es aber komplizierter.

---

nach außen gehen, wie die sensiblen *species* der Scholastiker es tun." Monadologie, S. 129. Es ist wichtig zu bemerken, dass die Scholastiker der Dekadenz, gegen die Leibniz' Einwände gerichtet waren, die psychologische Lehre des dreizehnten Jahrhunderts falsch interpretierten. Latta lässt dem dreizehnten Jahrhundert Gerechtigkeit widerfahren. „Leibniz denkt an eine Theorie (*nicht* die des Thomas von Aquin)." S. 220.

Bevor wir diese Schwierigkeit behandeln, wollen wir auf eine Ähnlichkeit hinweisen, die zwischen den Prozessen des Empfindens und denen des Denkens existiert, sowie darauf, weshalb beide, in der letzten Analyse, in derselben Weise gelöst werden. Diese Ähnlichkeit besteht in einem ursprünglichen Eindruck, der von einem äußeren Impuls herrührt und von einer charakteristischen Reaktion gefolgt wird, die sowohl zum Denken als auch zum Empfinden gehört. Denn Erfahrung und Bewusstsein gleichermaßen beweisen, dass der Geist ebenso bestimmt und vervollständigt werden muss durch das erkannte körperliche Objekt, und dass er nicht bloß aus sich selbst den Inhalt der Idee ableiten kann. Ein Blinder hat keine Idee der Farben. Sich selbst überlassen wäre unser Geist eine leere Wüste oder eine reine Tafel (*tabula rasa*), auf der nichts geschrieben steht.[3] Hier wie im Falle der Empfindung besteht ein Übergang von Potentialität zu Aktualität; es gibt einen ursprünglich passiven Zustand und es gibt einen Eindruck, der empfangen wird (*species intelligibilis impressa*). Die zwei Pferde oder Dollars, von denen ich die abstrakte Idee der Zahl „zwei" ableite, oder die Idee „Geld", „Macht", „Form" usw. wirken auf meinen Geist. Und genauso wie im Fall der Empfindung reagiert der Geist auf den Stimulus und antwortet durch einen vitalen Akt, durch den das Phänomen der Erkenntnis vervollständigt wird (*species intelligibilis expressa*).

Nun müssen wir die besondere Schwierigkeit behandeln, die im Falle der abstrakten Erkenntnis entsteht. Diese Schwierigkeit ergibt sich, weil es notwendig ist, die Lehre von der wir gerade sprechen, mit einer zentralen Lehre der scholastischen Metaphysik zu harmonisieren. Wir werden später sehen, dass das Universum aller Scholastiker ohne Ausnahme pluralistisch ist und dass jedes der unzähligen Seienden, aus denen es besteht, seine unterschiedene und unabhängige Existenz hat (VIII, 1). Jede Eiche besitzt ihr eigenes Sein unabhängig von allen anderen, und dies ist in gleicher Weise wahr von Menschen, Tieren usw. Und von daher kommt die Schwierigkeit: Ein besonderes, individuelles Ding wie eine Eiche kann eine Empfindung des Sehens hervorbringen, die ihrerseits partikularisiert ist. Doch wie kann dies einen abstrakten Begriff

[3] Summa Theol. I^{a}, q. 79, art. 2.

wie Leben, zylindrische Form hervorrufen, ohne die partikularisierenden Bedingungen, die zu jedem *realen* Leben oder zu jedem zylindrischen Seienden gehören? Wie kann dieses einzelne lebende Seiende den Begriff des Lebens als solches hervorrufen? Wie kann das Konkrete abstrakt erkannt werden?

Der äußere Gegenstand (von dem wir hier annehmen, dass er außerhalb von uns selbst existiert) kann nicht das Denken in derselben Weise bestimmen wie die Empfindung. Er ist durch sich selbst machtlos. Die zwei partikularen und individuellen Pferde können nicht durch die Empfindungen, die sie erzeugen, einen Eindruck in uns hervorrufen, der ihnen die verschiedene und höhere (abstrakte) Seinsweise gibt, die ihnen wirklich zukommt (partikularisiert, konkret). Sonst hätten wir eine Ursache, die eine Wirkung erzeugt, die ihr überlegen ist. Das Geringere würde ein Mehr produzieren. An diesem Punkt nimmt die Scholastik die aristotelische Theorie an. Es sind nicht nur die zwei Pferde oder die zwei Dollars, die auf meinen Verstand einwirken, sondern die Empfindungen der zwei Pferde oder der Dollars wirken zusammen mit und in Abhängigkeit von einer besonderen geistigen Kraft in mir, die die „Sinnesdaten erleuchtet und sie fähig und bereit macht eine Erkenntnis hervorzubringen, in der die Wirklichkeit aller konkreten und individuellen Merkmale beraubt ist“. Diese kreative Kraft wird aktiver Intellekt (*intellectus agens*) genannt. Im Gegensatz zu diesem heißt der Geist oder der Intellekt, in dem der Eindruck, unter dem doppelten Einfluss des körperlichen Seienden und des *intellectus agens*, hervorgebracht wird, *intellectus possibilis*.

Es ist an dieser Stelle, wie im Falle der Empfindung, wichtig zu betonen, dass unser Geist direkt in den zwei Dollars den Inhalt „zwei“, „Geld“, „Papier“ usw. begreift; aber indem wir diese Begriffe erlangen, sind wir uns weder der geistigen Kraft der Abstraktion, noch des Eindrucks (*species impressa*) bewusst, der in uns durch das erkannte Objekt hervorgebracht wird. Es ist wieder ein Prozess der Argumentation, der nach einer angemessenen Erklärung für die Phänomene sucht, durch den wir von dem, was ist, zu dem, was sein muss, weitergehen. Dies bedeutet nicht, dass wir durch diese Theorie den ganzen Mechanismus des Denkens verstünden. Dieser bleibt ein Geheimnis. In vielen Fragen müssen wir damit zufrieden sein zu wissen, dass etwas existiert, auch wenn wir nicht dessen innerste Natur durchdringen können. Wir sollten niemals von einer Theorie mehr erwarten, als sie zu geben vermag.

Kapitel IV

Die leitenden Prinzipien der Erkenntnis

I. Allgemeiner Begriff der leitenden Prinzipien der Erkenntnis
II. Ursprung und Natur dieser Prinzipien
III. Logischer und realer Wert

I. *Allgemeiner Begriff der leitenden Prinzipien der Erkenntnis.* Unsere Erkenntnis besteht aus miteinander verbundenen und koordinierten Urteilen. Das fortschreitende Leben des Geistes bewegt sich durch einen regulären Prozess, in dem Urteile auf Grund anderer Urteile gebildet werden, so dass die Urteile die Haupt- und Zentralakte des Geistes sind (II, 4). Unter diesen mentalen Äußerungen gibt es einige, die eine Hauptrolle im Leben des Geistes spielen. Diese regeln nicht nur die psychologische Entwicklung, sondern ebenso die erkenntnistheoretischen und logischen Funktionen und deshalb verdienen sie unsere besondere Aufmerksamkeit. Wir nennen sie leitende Prinzipien. Zu diesen Prinzipien gehören das Kontradiktionsprinzip (ein Ding kann nicht zugleich sein und nicht sein); das Prinzip der Identität (das, was ist, ist; ein Seiendes ist mit sich selbst gleich); das Prinzip des ausgeschlossenen Dritten (es gibt kein Mittleres zwischen Sein und Nichtsein); das Prinzip des zureichenden Grundes (Seiendes ist ausgestattet mit allen Elementen, ohne welche es nicht sein könnte); das Prinzip der Totalität (das Ganze ist gleich der Summe seiner Teile); das Prinzip der zureichenden Kausalität (ein nichtnotwendiges Seiendes existiert durch den Einfluss eines anderen Seienden). Es gibt noch viele andere. Alle bilden eine lange Reihe in enger Verbindung mit dem Kontradiktionsprinzip, von dem sie verschiedene elementare Phasen oder Anwendungen ausdrücken.

Diese Urteile werden Prinzipien genannt, weil sie als Grundlage für andere Urteile dienen: *erste* oder unmittelbare Prinzipien, weil es unmöglich ist, sie durch Bezugnahme auf noch grundlegendere

Prinzipien zu beweisen; *bestimmende* Prinzipien (Axiome oder axiomata in der Sprache der Scholastik), weil sie einfache Beziehungen zwischen Dingen ausdrücken, welcher Art diese auch immer sein mögen, und gewisser elementarer und ursprünglicher Begriffe, die mit dem Sein verbunden sind, wie „Nichtsein", „Ganzes", „Teil", „Beginn der Existenz".

II. *Ursprung und Natur dieser Prinzipien.* Wir können sagen, dass die Erfahrung die *Quelle* dieser Prinzipien ist in dem Sinne, dass die Ideen, die das Subjekt und die Prädikate dieser Urteile bilden, aus der Erfahrung gewonnen wurden. „Sein", „Ganzes", „Beginn der Existenz", „Kausalität" werden durch die Abstraktion aus der Materie unserer inneren und äußeren Sinne gewonnen. Wir könnten weitergehen und sagen, dass Erfahrung die Artikulation der Beziehung zwischen Subjekt und Prädikat erleichtert. Zum Beispiel äußere ich das Kontradiktionsprinzip, indem ich verstehe, dass ich nicht gleichzeitig im Unterrichtsraum und in der Dunkelkammer sein kann; und das Kausalprinzip, indem ich verstehe, dass ich meinen Arm durch meinen Willen als Ursache hebe.

Es ist aber von entscheidender Bedeutung zu bemerken, dass im Sinne der Scholastiker das *Band der Einheit*, das zwischen Subjekt und Prädikat der ersten Prinzipien besteht, nicht auf der Erfahrung beruht, sondern auf dem Inhalt des Subjekts und der Prädikate, der sich allein durch die Analyse derselben enthüllt. Wenn ich sage: A = A, ergibt sich dieses Urteil allein aus der Überlegung dessen, was A ist (was auch immer dies sein mag), und nicht aus der Erfahrung. Weil dies nicht von der menschlichen Erfahrung abhängt, die nur das erfasst, was *wirklich* existiert, ist das Band der Einheit, das durch die Prinzipien ausgedrückt wird, unabhängig von der Existenz des gegenwärtigen Universums und in der Tat unabhängig von der Existenz aller Geschöpfe. Die Gültigkeit dieser Prinzipien ist nicht abhängig von der Bedingung, dass etwas existiert; sie ist absolut. Hätte das Universum nie existiert und es gäbe nur eine Intelligenz außer Gott, wäre dies ausreichend diese Axiome zu erkennen, die das menschliche Erkennen beherrschen. Die Idee des Seins und die anderen Urprinzipien, die diesem entsprechen, könnten in einer solchen Intelligenz bestehen, durch das Wissen von sich selbst oder von Gott, und das Nebeneinander von Subjekt und Prädikat ist ausreichend, um die Beziehung zwischen ihnen bei den in Frage stehenden Prinzipien zu erkennen.

Diese Annahme zeigt, dass es keinen Widerspruch gibt zwischen der Auffassung, die früher dargestellt wurde, dass die konstituierenden Ideen dieser Prinzipien (Sein, Nichtsein, Totalität etc.) durch den Geist von äußeren oder inneren Sinneswahrnehmungen abstrahiert sind, und dieser anderen Auffassung, dass das einigende Band, das diese Inhalte verbindet, begriffen werden kann ohne die Hilfe der Erfahrung.

Auf Grund dieser Charakteristik gehören leitende Prinzipien oder Axiome zu einer umfassenden Klasse von Urteilen, die als „erkennbar allein durch das bloße Nebeneinander der Ausdrücke" Subjekt und Prädikat bezeichnet wurden (*propositio per se nota*) und heute als Urteile einer *idealen Ordnung* bezeichnet werden.

Diese Klasse von Urteilen steht im Gegensatz zu einer zweiten Kategorie, die wir hier nicht studieren müssen, die wir aber nur erwähnen, um die Natur der leitenden Prinzipien zu betonen, die wir jetzt betrachten. In dieser zweiten Kategorie von Urteilen reicht es nicht mehr aus bloß die Ausdrücke nebeneinanderzusetzen, um die Beziehung zwischen ihnen zu sehen: wir müssen zusätzlich Zuflucht nehmen zur Erfahrung (*propositio per aliud nota*; das *aliud* ist die Erfahrung). Wenn ich auch nicht mein Urteil, dass Sein und Nichtsein sich wechselseitig ausschließen, der Kontrolle der Erfahrung unterwerfen muss, ist diese Kontrolle doch unverzichtbar im Falle des Urteils, dass Wasser bei 100°C kocht; oder dass Menschen eine natürliche Neigung haben in Gemeinschaften zu leben. Diese zweite Klasse von Urteilen wird heute als Urteile der *existentiellen Ordnung* bezeichnet.

Betrachten wir die Gruppe von Urteilen, zu der unsere leitenden Prinzipien gehören, etwas genauer. Auf den ersten Blick könnte es scheinen, dass die Urteile der idealen Ordnung der Scholastiker zusammenfielen mit den „Urteilen *de jure*" von Leibnitz und den „analytischen" Urteilen Kants, d.h. den Urteilen, in denen das Subjekt das Prädikat einschließt. Es ist richtig, dass die scholastische Philosophie diese Propositionen unter die Urteile der idealen Ordnung einordnet, die Kant als bloße Tautologien verachtet. Aber Thomas von Aquin geht weiter und stellt heraus, dass es eine weitere Art von Urteilen der idealen Ordnung gibt, die durch bloße Analyse des Subjekts und Prädikats erkannt werden und die weit interessanter sind. In diesen Urteilen ist das Prädikat *nicht* im Subjekt enthalten, obgleich ein klares Wissen oder eine Einsicht in die Prädikate das Band enthüllt, das unlösbar mit dem Subjekt vereinigt ist, sofern dieses Subjekt gegeben ist. Obwohl das Prädikat nicht im Subjekt enthalten ist, gibt es eine *exigentia* oder Forderung, die gebieterisch die Einheit von Prädikat und Subjekt fordert. Die Axiome, über die wir in diesem Kapitel nachdenken, gehören zu dieser zweiten Klasse, mit Ausnahme vielleicht des Prinzips der Identität.

Nehmen wir zum Beispiel das Kontradiktionsprinzip und das Prinzip der Kausalität. Die bloße Analyse des Begriffs des Seins wird niemals den Begriff des Nichtseins ergeben (die Negation ist nicht in der Affirmation enthalten), noch den Begriff der Unvereinbarkeit *mit* (die Relation *mit* ist nicht enthalten im Begriff eines Dinges in sich selbst). Aber sobald die Ideen des Seins und des Nichtseins im Geist präsent sind, ist die Unvereinbarkeit der beiden zwingend evident. Oder noch einmal: aus dem Begriff der „nichtnotwendigen Existenz" können wir niemals den der „aktualen Existenz im Reich der Tatsachen" ableiten. Doch wenn wir diese beiden Begriffe nebeneinanderstellen und sie vergleichen, ist es uns sofort evident, dass der eine nicht der andere ist und dass, wenn ein nichtnotwendiges Seiendes als existierend gedacht wird, wir in der Tat die Existenz nicht anders erklären können als durch ein anderes Seiendes. Tatsächlich ist ein nichtnotwendiges Ding nicht von selbst existent. Deshalb kann es sich nicht von selbst geben, was es nicht hat. Sobald dieses nichtnotwendige Seiende als existierend erfasst wird, sollte Bezug genommen werden zu einem äußeren Einfluss – einen kausalen Einfluss –, der der zureichende Grund der Existenz ist. Dies ist die Formulierung des Prinzips der Wirkursächlichkeit: „Die Existenz eines nichtnotwendigen Seienden erfordert eine Ursache".

III. *Logischer und realer Wert.* Weil die Beziehung, die die Begriffe der leitenden Prinzipien vereint, so evident ist, dass sie „in die Augen springt", wie die Franzosen sagen (*sauter aux yeux*), unabhängig von der Erfahrung, und weil diese Prinzipien die Gesetze des Seienden als solchen und alles Seienden ausdrücken, stellt es keine Schwierigkeit dar, dass sie alles *denkbare* Seiende beherrschen. Sie leiten und kontrollieren jede Äußerung; sie regeln die „universale Verständlichkeit". Deshalb leiten und führen sie die Sammlung von Urteilen, die unsere menschlichen Wissenschaften ausmachen, und ebenso die verschiedenen Urteile, die unser praktisches Leben regeln. Wenn zum Beispiel das Kontradiktionsprinzip ungewiss oder zweifelhaft wäre, würde keine menschliche Affirmation gut bestehen können - nicht einmal das bekannte Diktum „Ich denke, also bin ich". Die Bejahung meiner Existenz ist nicht gültig, wenn das, was ich als real wahrnehme, sowohl sein als auch nicht sein kann. Aus diesem Grund wird das Kontradiktionsprinzip von den Scholastikern als erstes Prinzip *par excellence* bezeichnet und sie machen sich die Erklärung des Aristoteles zu eigen, dass eine Person, die das Prinzip nicht begreifen könnte, kein Mensch, sondern ein Dummkopf wäre.

Beherrschen diese Prinzipien, die auf alle denkbaren Seienden anwendbar sind, auch die *existierenden* Seienden, für den Fall, dass alles als existierend bewiesen ist? Und wenn sie das materielle Universum als Ganzes beherrschen, sind sie auch anwendbar auf die Welt der übersinnlichen und geistigen Seienden, sofern diese existieren? Diese Fragen bilden einen Teil des großen erkenntnistheoretischen Problems, über das wir jetzt nachdenken müssen.

Kapitel V

Verschiedene Aspekte des erkenntnistheoretischen Problems

I. Metaphysische und psychologische Aspekte
II. Die Daten des epistemologischen Problems

I. *Metaphysische und psychologische Aspekte.* Die Scholastiker des dreizehnten Jahrhunderts zweifelten nicht einen Moment daran, dass unsere Fähigkeit zur Erkenntnis in der Lage ist, die extramentale Realität zu erfassen. In diesen dogmatischen Tagen gab es keine Kritik und keine Widersacher, wie in späteren Zeiten, für die die kritischen Probleme der Erkenntnis einen großen Raum in der philosophischen Spekulation einnehmen.

In den Schriften des Thomas von Aquin, im Besonderen in der feinen Abhandlung über die Wahrheit (*De Veritate*), wird das Problem der Wahrheit aus zwei unterschiedlichen Sichtweisen untersucht. Die erste ist metaphysisch, die zweite psychologisch und kritisch.

Die metaphysische Lehre geht aus vom Studium Gottes, dem unendlich vollkommenen Seienden, *dessen Existenz hier vorausgesetzt wird*, und setzt sich fort in einer langen Reihe großartiger synthetischer Begriffe – einer Goldkette sozusagen, von der die ersten Glieder von Platon geschmiedet wurden, andere von Augustinus und die letzten von Thomas selbst. Hier ist die Kette der Argumentation in ihrer logischen Folge. Gott ist unendlich. Er allein besitzt die Fülle der Wirklichkeit (XI). Jedes mögliche Seiende (das notwendig außerhalb und verschieden von Gott sein wird), muss seine *ratio aeterna*, seine ewige Vernunft besitzen oder sich aus der unendlichen Wesenheit Gottes erklären[1]. Mit anderen Worten, jedes endli-

[1] Dies ist die Theorie Augustins. Die Lehre von den *rationes aeternae* oder der ewigen Vernunft der Dinge ist eine Modifikation der Ideen Platons, die in den Schriften der späten Stoiker erscheint.

che Seiende ist eine schwache und entfernte Imitation der göttlichen Unendlichkeit. Es gibt keine Grenze der Vielfalt solcher möglichen Dinge. Gott, indem er sich selbst erkennt, erkennt durch dieselbe intuitive Schau alle möglichen Dinge, ob er sie in die Existenz ruft oder nicht. Der Mensch mit seiner Intelligenz besetzt einen bestimmten Rang in dieser Hierarchie der Wesenheiten. In der Konsequenz steht die menschliche Natur oder Wesenheit (das ist dasjenige, was der Mensch ist) in einer gewissen festen Beziehung zum unendlichen Seienden. Ebenso ist der mensch-liche Geist eine Fackel, die entzündet wurde von der Sonne der Wahrheit, d.h. dem göttlichen Sein, um die Seienden und die Wirklichkeit zu offenbaren, so wie das Feuer gemacht wurde um zu brennen. Deshalb ist in der letzten Analyse Gott einerseits die Grundlage der Wirklichkeit und der Erkennbarkeit alles dessen, was existiert oder was möglich ist, und andererseits die Befähigung des menschlichen Geistes die Wirklichkeit zu erreichen, d.h. die Wahrheit zu besitzen.

Eine Konzeption wie diese ist das Ergebnis einer Koordination vieler Theorien, die hier vorausgesetzt und anderswo gesichert wurden, und bildet ein gutes Beispiel des Zusammenhalts der scholastischen Philosophie als ganzer (XIX, 2). Der psychologische Aspekt des Problems der Wahrheit ist ganz verschieden. Er beruht auf der Analyse der Tatsache des Bewusstseins.

II. *Die Daten des epistemologischen Problems*. Die Untersuchung *De Veritate* legt ganz deutlich die Daten des erkenntnistheoretischen Problems der Gewissheit und Wahrheit dar.

(a) Sie reduziert das Problem auf eine reflexive Prüfung von solchen Überzeugungen, die wir spontan bilden und die wir in unserem Geist bereits vorfinden, wenn wir die Reflexion beginnen.
(b) Sie betrachtet Wahrheit als ein Attribut von Urteilen und nicht von Begriffen oder einfachen Äußerungen.
(c) Von der Gültigkeit des Urteils, das ein Ergebnis der Reflexion ist, leitet die Untersuchung das spontane Urteil ab, das wir zumeist unbewusst formulieren.
Wir wollen diese Punkte jetzt etwas genauer betrachten.

(a) Die erkenntnistheoretische Untersuchung besteht aus einer Prüfung bereits existierender Überzeugungen durch das Mittel der Reflexion. Wir sind von Geburt aus Dogmatiker. Als Ergebnis des Einflusses der Erziehung, unserer häuslichen und sozialen Umgebung und auch des spontanen Spiels unserer Fähigkeiten stimmen wir fest einer großen Zahl von Propositionen zu, die fraglos und ohne Prüfung in unseren Geist eingedrungen sind, wie eine Menschenmenge, die einen freien Platz bei einem Vergnügen betritt. Zum Beispiel glauben wir, dass 2 + 2 = 4 ist; dass unsere Verwandten existieren; dass es Dinge gibt, die wir tun sollten, und andere, die wir nicht tun sollten, etc. Spontane und direkte Gewissheit geht deshalb der Untersuchung der Gewissheit voraus. Mehr noch: Das Erstere ist der Gegenstand des Studiums des Letzteren. Ohne spontane Behauptungen wäre die erkenntnistheoretische Untersuchung nichtig und leer. Das kritische oder epistemologische Problem besteht darin, jede einzelne dieser Überzeugungen unter die Lupe zu nehmen, wie wir Spreu von Weizen trennen. Danach prüfen wir die *Motive*, die uns dazu führen, einige Überzeugungen zu beseitigen und andere zu behalten. „Diese Untersuchung“, schreibt Thomas, „besteht darin, als den Gegenstand unserer Untersuchung nicht nur den subjektiven Akt der Zustimmung, sondern auch die Gegebenheiten (Daten), denen wir zustimmen, zu nehmen.“[2]

(b) Der Prozess ist eine Prüfung des Urteils, weil die Wahrheit ein Attribut des Urteils ist und nicht einer einfachen Annahme.

Dies ist eine Lehre, der kein Scholastiker jemals wiederspricht. Die Idee Gottes, des Menschen, der Eiche ist weder wahr noch falsch, so wie die Seienden selbst, die wir Gott, Mensch oder Eiche nennen, streng genommen weder wahr noch falsch sind. Der Grund ist, dass Wahrheit in einer Beziehung der Übereinstimmung oder Konformität besteht – *adequatio*. Nun ist in dem, was einfach ist - so wie eine Idee –, kein Platz für eine Beziehung.[3] Die Übereinstimmung oder Konformität des Inhalts einer Idee wie „gut“, „lebendig“, „entstanden aus einer Eichel“ mit einem Seienden, auf das wir sie beziehen, existiert nur im und durch das Urteil. Beispiele: „Gott ist gut“, „der

[2] De Veritate, q. 1, art. 9

[3] Contra Gentiles, I, cap. 59.

Mensch ist ein Lebewesen“, „die Eiche entsteht aus der Eichel“. Im strikten Sinne gehört deshalb die Wahrheit zum Urteil[4] und findet sich in einfachen Annahmen oder in den Dingen selbst nur in einem sekundären Sinne, der auf Ersterem beruht.

(c) Die Prüfung durch die Reflexion versetzt uns in die Lage den Wert solcher Urteile zu testen, die wir spontan, vor der Reflexion und ohne deren Hilfe, bilden. Es gibt keine fundamentale Differenz zwischen dem mentalen Prozess im Falle der ursprünglichen und direkten Behauptung und im Falle der kontrollierten und reflektierten Behauptung. Aber das einzige Mittel, das wir zur Prüfung des Wertes der Ersteren besitzen, ist, sie sozusagen durch das Prisma des Letzteren zu studieren. Wir werden später herausfinden, dass es die Reflexion ist, die uns das Motiv und das Kriterium für die Beibehaltung oder Zurückweisung einiger spontaner Zustimmungen gibt. Es ist ebenso die Reflexion, die unsere Überzeugung rechtfertigt, dass als wahr anerkannte Urteile die äußere Welt in einer Weise erfassen, die tatsächlich unzureichend und dennoch relevant ist. Wir werden daher in der Lage sein, die Schlussfolgerungen zu ziehen, dass die äußere Wirklichkeit in der letzten Analyse verantwortlich ist für unsere spontanen Annahmen, die anschließend als gültig erkannt werden, und dass entsprechend der menschliche Geist fähig ist, die Wahrheit zu erfassen: seine Natur ist in Übereinstimmung mit den Dingen. Durch reflexive Prüfung und Argumentation erkennen wir, dass unsere ursprünglichen mentalen Tätigkeiten gültig und zuverlässig sind.

Die beiden mentalen Prozesse, von denen wir gesprochen haben – die reflexive Prüfung unserer Annahmen und der direkte Erwerb von Urteilen, denen wir ohne bewusste Motive, warum wir es tun, zustimmen –, werden von Thomas klar behandelt, aber er unterscheidet beide nicht immer deutlich genug. Er wechselt ständig vom Gesichtspunkt der direkten Erkenntnis zu dem der Reflexion und umgekehrt.[5]

---

[4] De Veritate, q. 1, art. 3

[5] Nach meiner Meinung erklärt dies die Differenzen unter den Interpreten der Texte des Aquinaten bezüglich des Begriffs der Wahrheit. Endlose Diskussionen wurden in jüngster Zeit über diesen Gegenstand geführt.

Kapitel VI

Moderater Realismus und die Universalien

I. *Was das erkenntnistheoretische Problem beinhaltet*. Es wurde gezeigt, dass das erkenntnistheoretische Problem um eine Untersuchung über die Gültigkeit unserer spontanen Behauptungen zentriert ist. Diese Untersuchung gliedert sich auf in zwei Probleme: erstens die Motive, die den Geist zur Feststellung einer *Beziehung* zwischen einen Subjekt und einem Prädikat in einem Urteil führen, und zweitens die Gültigkeit der jeweiligen *Worte* derselben. Wenn ich deshalb sage, dass eine Zahl ungerade oder gerade ist, oder dass Wasser bei 100° C kocht, könnte ich untersuchen:

(a) Was leitet mich, eine geistige Synthese der Zahl *und* ungerade oder gerade zu bilden; eine geistige Synthese von Wasser und kochen bei 100°C?

(b) Was ist die Gültigkeit dieser Worte: Zahl; ungerade; gerade; Wasser; kochen? Sind sie mentale Produkte oder beziehen sie sich auf unabhängig existierende Objekte der äußeren Welt?

Thomas formuliert diese beiden Probleme nicht mit der modernen Präzision, denn er schrieb zu einer Zeit, als der Idealismus und Skeptizismus bloß akademische Thesen waren, die niemand wirklich ernst nahm. Aber seine Lehre enthält eine Lösung der beiden bezeichneten Probleme.

Wir werden mit dem zweiten Problem beginnen. Die Antwort kann folgendermaßen zusammengefasst werden: „Unsere sinnliche Wahrnehmung korrespondiert mit einer äußeren Welt, oder deren Inhalt ist nicht adäquat und vollständig. Unsere abstrakten und allgemeinen Ideen (Wasser, Leben, Zahl, Gleichheit etc.) beziehen sich auf eine Wirklichkeit, die nicht allein das Produkt des Geistes ist, weil sie von Sinnesdaten abgeleitet wurden."

II. *Objektivität äußerer Empfindungen.* Allgemein gesagt sind die Informationen, die uns durch unsere Sinne präsentiert werden, nach Auffassung der Scholastiker gültig, wenn die Sinne normal arbeiten und sich auf ihr richtiges Objekt beziehen, d.h. auf die besondere Qualität, die jeder Sinn unter Ausschluss aller anderen wahrnimmt (II, 2). In Bezug auf Farbe, Laut, Geruch, quantitative Zustände und Formen der Körper gelten die Sinnesdaten des Sehens, des Hörens, des Schmeckens und Fühlens als unfehlbar. „Diese Sinne verkünden uns, was sie selbst affiziert oder modifiziert." *Nuntiant uti afficiuntur.*[1]

Geben uns unsere Sinne nicht nur genaue Informationen bezüglich der materiellen Welt, sondern auch adäquate Erkenntnisse? Die Scholastik ist daran gehindert dies zuzugeben, und zwar wegen ihrer grundlegenden Prinzipien, weil wir in jedem Akt der Erkenntnis etwas Eigenes dazu beitragen. Farbe kann nicht in derselben Weise in meinem Sinnesorgan existieren wie außerhalb desselben. Aber das Problem, in welchem Ausmaß unsere Sinne mit der äußeren Welt übereinstimmen, wurde im dreizehnten Jahrhundert vernachlässigt. Die Illusionen der Sinne waren freilich zu dieser Zeit bekannt. Aber wie wir sehen werden, wurden die fehlerhaften Informationen, die daraus resultieren, nicht den Sinnen als solchen zugerechnet. Höchstens räumten sie der taktilen Wahrnehmung, die uns den intimsten Kontakt mit der Realität vermittelt, das Privileg ein, weil die kontinuierliche Quantität, die durch das Tastgefühl wahrgenommen wird und die das fundamentale Attribut ma-

---

[1] Summa Theol.,I^{a}, q. 17, art. 2, oder noch einmal: „Non decipitur (sensus) circa objectum proprium." Die Sinne irren nicht in Bezug auf ihr richtiges Objekt.

terieller Dinge ist, aus ihrer Natur resultiert.[2]Die Scholastiker kannten nicht den Unterschied zwischen primären und sekundären Qualitäten in dem Sinne, wie er von Descartes und Locke eingeführt wurde. Sie hielten dafür, dass Quantität und Ausdehnung nicht das Wesen der Körper konstituiere (wie Descartes dachte), sondern dass sie eher die fundamentalen Eigenschaften der Körper seien.

III. *Reale Objektivität abstrakter und allgemeiner Ideen. Universalien.* Eine abstrakte Idee hat dieselbe Gültigkeit wie eine Sinnesempfindung, denn der Inhalt der Idee ist vom Inhalt der Empfindung abgeleitet. Dieser Inhalt – einschließlich der höchsten und allgemeinsten Begriffe wie Ursache, Leben und Substanz – ist in irgendeiner Weise im Komplex der durch unsere Sinne erfassten Realität enthalten, denn offensichtlich könnte er nicht von den Sinnesdaten abgeleitet werden, wenn er nicht irgendwie in ihnen enthalten wäre.

Allerdings gibt es eine besondere Schwierigkeit, wenn wir darüber nachdenken, welche Art von Übereinstimmung zwischen der Wirklichkeit und den Begriffen es geben kann, von denen jeder einzelne irgendeinen Aspekt repräsentiert. Wir trafen zuvor auf die gleiche Schwierigkeit, als wir von den Ursprüngen der Ideen handelten (III, 2). Hier betrifft die Schwierigkeit die Frage der Gültigkeit. Außerhalb unserer selbst ist alles individuell; das Universum der Scholastiker ist ein pluralistisches Universum, zusammengesetzt aus einzelnen Sub-stanzen (VIII, 1), und alles, was diese individuellen Sub-

---

[2]Sensus tactus quasi fundamentum aliorum sensum. *De Veritate*, q. 22, art. 5. Es ist möglich einen direkten Beweis der Objektivität der äußeren Empfindungen durch das Prinzip der Kausalität zu geben. Eine Empfindung ist nichtnotwendig oder ein kontingentes Ereignis; sie könnte auch nicht stattfinden. Daraus folgt, dass sie nicht in sich selbst eine zureichende Erklärung ihrer Existenz hat – sie ist abhängig von etwas anderem (IV, 2). Dieses Andere bin nicht ich selbst, denn das Bewusstsein gibt Zeugnis dafür, dass ich in der Empfindung passiv bin. Wir kommen daher zu dem Ergebnis, dass dieses Andere verschieden von mir selbst sein muss und dass es ein reales Nicht-Ich gibt, das die Ursache der vitalen Erregung ist, die ihren Höhepunkt in der Empfindung hat. Durch Eliminierung kann bewiesen werden, dass dieses Nicht-Ich nichts anderes ist als die materielle Welt. Dieses Argument, das wir nicht in den Texten Thomas' antreffen, ist völlig im Geist seiner Philosophie.

stanzen betrifft, ist partikularisiert. Wenn dem so ist, wie kann es dann irgendeine Übereinstimmung zwischen dem, was konkret und einzeln ist, einerseits (d.h. *diesem* lebenden Seienden, *dieser* materiellen Bewegung) und dem abstrakten und universalen Begriff andererseits geben? Dies ist das bekannte Problem der Universalien, oder vielmehr der Gültigkeit unserer abstrakten und universalen Ideen.

Thomas von Aquin erwidert darauf, dass die Übereinstimmung „zwischen Ideen und individuellen Wirklichkeiten nicht adäquat ist, aber nichtsdestotrotz wahrheitsgemäß." Um dies zu beweisen, wollen wir, wie Thomas, zwischen dem *abstrakten* Charakter der Idee und seiner *Universalität* unterscheiden.

Bedenken wir zunächst den Charakter der Abstraktheit, der der ursprüngliche ist. Wir wissen bereits, dass der Inhalt der Begriffe „Mensch", „Leben", „Ortsbewegung" in Absehung von solchen partikulären Charakteristika betrachtet wird, die untrennbar mit einen individuellen Menschen oder irgendeinem lebenden Seienden oder irgendeiner Ortbewegung verbunden sind. Vom Geist gesehen, ist die Wirklichkeit weder *eine* noch *viele*; sie scheint völlig indifferent zu irgendetwas, das mit einer Zahl verbunden ist. Der Begriff drückt schlicht das Wassein der Wirklichkeit „Mensch", „Bewegung" oder „Leben" aus. Folglich repräsentiert der abstrakte Begriff eine wahrheitsgemäße Realität, denn alle Elemente, die die Washeit oder das Wesen des „Menschen" oder des „Lebens" oder der „Bewegung" ausmachen, finden sich in jedem individuellen Menschen oder jeder Bewegung. Die Abstraktion verfälscht nicht (*abstrahentium non est mendacium*).

Doch obwohl der Begriff wahrheitsgemäß ist, ist er nicht völlig den konkreten Dingen angemessen, denn der Geist vernachlässigt das Kennzeichen der Individualität, das jeden einzelnen partikulären Menschen, jedes Lebewesen oder jede Bewegung von allen anderen unterscheidet, und er ist unfähig dies zu erkennen. Der abstrakte Begriff lehrt uns nichts über die individuelle Wesenheit. Außerdem ist es nicht nur wahr, dass das Kennzeichen der Individualität dem Geist entwischt, sondern unsere Idee eines Lebewesens berücksichtigt nicht die Unterschiede der Wesenheiten zwischen Lebewesen verschiedener Arten. Je abstrakter unsere Erkenntnis ist, desto vermittelter ist die Wirklichkeit. Der menschliche Geist hat nichts, worauf er stolz sein könnte. Gebrechlich und schwach, aber zuverlässig in dem Wenigen, das der Geist uns lehrt – so ist die Natur unserer abstrakten Ideen.

Was den Prozess der Universalisierung angeht, den die abstrakte Idee erfährt, so ist er das vollständige Werk des Geistes, denn der Prozess besteht in der Zuschreibung einer unbestimmten Elastizität zu dem Inhalt der abstrakten Idee, die uns zum Beispiel erlaubt zu verstehen, dass die Wesenheit der Ortsbewegung oder der Menschlichkeit identisch und vollständig in allen Instanzen von Ortsbewegungen und in allen Vorkommnissen von Menschen gefunden wird, ob diese nun wirklich oder nur möglicherweise existieren. Das Charakteristikum der Universalität ist das Ergebnis einer Reflexion. Peter und John lassen keine Vervielfältigung zu. Universalien existieren nicht außerhalb von uns; sie existieren nur in unserem Verständnis. Auf der anderen Seite hat die Washeit, zu der unser Geist die Form der Universalität beiträgt, eine Fundierung in der extramentalen Welt. Der Prozess der Universalisierung nimmt weder etwas weg noch trägt er etwas zu der Geltung der abstrakten Ideen bei. *Universale est formaliter in intellectu, fundamentaliter in rebus*. Dies ist die verkürzte Formel, die die thomistische Lösung des Problems zusammenfasst. Sie wurde nicht von Thomas entdeckt, sondern ist vielmehr das Ergebnis einer langsamen und schmerzhaften Ausarbeitung durch das westliche Denken im Allgemeinen. Wir sehen diese Lehre des gesunden Menschenverstandes, die so gut zum Individualismus des Feudalsystems passte, bereits im zwölften Jahrhundert bei Abaelard erblühen.

IV. *Die via media zwischen naivem Realismus und Idealismus*. Die thomistische Lehre von der Übereinstimmung zwischen Sinneswahrnehmung und abstrakten Ideen einerseits und der äußeren Welt andererseits könnte als die *via media* zwischen naivem Realismus und Idealismus bezeichnet werden.

Für eine Person, die wir als naiven Realisten bezeichnen, ist die Realität unabhängig von unserer Erkenntnis und unser Geist reflektiert gültig und genau die Dinge gerade so, wie sie außerhalb von uns sind, in einer völlig passiven Weise. Die äußere Welt ist im Bewusstsein re-flektiert wie in einem Spiegel. Die Scholastik weist diese Erklärung der absoluten Übereinstimmung zwischen der realen Welt und der Welt des Denkens als zu oberflächlich zurück und gibt uns stattdessen die Konzeption der Erkenntnis als eines komplexen Phänomens, als Produkt zweier Faktoren – des erkannten Objekts und der subjektiven Erkenntnis. Der Erkennende investiert *etwas* von sich selbst in das erkannte Ding.

Beinhaltet dies, dass das erkannte Objekt schlicht ein Produkt unserer mentalen Organisation ist, und dass wir direkt nur unsere internen oder subjektiven Modifikationen erkennen? Dieser Lehre des Idealismus wird von der scholastischen Konzeption ebenso widersprochen. Demnach spielt das reale Objekt eine Rolle in der Erkenntnis und ist uns gegenwärtig im Akt der Erkenntnis. Wir erreichen die Realität und das Sein direkt – so weit, dass der Prozess, durch den die Wirklichkeit auf uns wirkt, also über die empfangenen Eindrücke, nur entdeckt wird, als Ergebnis einer Argumentation (III, 1).

Die Erkenntnistheorie des Aquinaten ist deshalb ein moderater Realismus, ein Mittelweg zwischen übertriebenem oder naivem Realismus und Idealismus. Wir erreichen die Realität selbst unabhängig von unserem Erkenntnisakt, und indem wir dies tun, gelangen wir zu wahrer Erkenntnis, die aber inadäquat ist. Der Prozess der psychologischen Ausarbeitung, der im Geist stattfindet, begrenzt das Feld der Erkenntnis, aber er entstellt ihn nicht.

V. Die Natur der geistigen Synthese. Das zweite Problem, das wir jetzt prüfen müssen, besteht darin, herauszufinden, ob wir ein plausibles Motiv dafür haben, dass wir zwei Ideen in einem Urteil verbinden, und worin dieses Motiv besteht. Wir könnten mit Thomas antworten: „Das Motiv der mentalen Synthese ist die *Natur* des repräsentierten Gegenstandes." Es ist die Natur von dem, was wir Wasser, kochen, Zahl, gerade, ungerade nennen, was den Geist dazu führt sie zu verbinden, im ersten Fall mit, im zweiten Fall ohne die Hilfe der Erfahrung.

Diese Übereinstimmung zwischen repräsentierten Objekten konstituiert Wahrheit. Sobald die Verbindung zwischen dem Inhalt des Subjekts und des Prädikats dem Geist erscheint, mit einem anderen Wort: evident wird, behauptet der Geist dies; und Gewissheit ist nichts anderes als die feste Haftung des Geistes an dem, was er wahrnimmt.

Es ist wichtig zu bemerken, dass der Geist die Verbindung lediglich wahrnimmt, ohne sie zu schaffen, und hierin liegt der Unterschied zwischen thomistischem und kantischem Intellektualismus.

Diese Lehre ist anwendbar auf alle Urteile und deshalb auf solche leitenden Prinzipien, die wir die Gesetze der universalen Intelligibilität genannt haben. So ist z.B. im Prinzip des Widerspruchs das Motiv der Behauptung unsere Einsicht in die Unvereinbarkeit von Sein und Nichtsein. Die Frage der Anwendbarkeit dieser Prinzipien auf existierendes Seiendes folgt unmittelbar, sobald die Existenz solcher extramentalen Realität bewiesen ist. Angesichts der Tatsache, dass Sein existiert, ganz gleich welcher Art, habe ich das Recht zu erklären, dass es unvereinbar ist mit Nichtsein. Und wenn es so etwas gibt wie kontingentes Sein, bin ich berechtigt es auf die innerste Natur aller kontingenten Seienden, zu denen es gehört, anzuwenden.[3]

Eine weitere Folge dieser Lehre ist, dass Fehler nur eine Eigenschaft von Urteilen sind. Fehler können weder zu existierenden Seienden noch zu Empfindungen gehören und auch nicht zu einfachen Befürchtungen. Thomas verwendet diese Theorie, um das Problem der sinnlichen Illusionen zu lösen. Die Sinne behaupten nichts: sie reflektieren nicht über die Daten, sondern präsentieren diese, so wie sie sind, ohne jede Interpretation. Das, was dem Gaumen eines gesunden Menschen süß scheint, erscheint einem Kranken bitter.[4] Daraus folgt, dass der Sinn sich weder selbst korrigie-

[3] Gewiss sind die Prinzipien, von denen wir sprechen, unabhängig von der Erfahrung in dem Sinne, dass die Bindung zwischen Subjekt und Prädikat nicht von der Existenz des materiellen Universums abhängt (III, 2), aber wenn diese Welt existiert – und sie existiert –, dann müssen die Seinsprinzipien sie beherrschen.

[4] Summa Theol., I^{a}, q. 17, art. 2. De Veritate, q. 1, art. 10.

ren, noch die Ursachen der Fehler oder Illusionen herausfinden kann. Der Verstand muss eingreifen, um zu prüfen und zu kontrollieren und das Wahre vom Falschen zu trennen. Fehler entstehen durch das Urteil, zum Beispiel, wenn wir unsere Sinneswahrnehmung verlassen und ein Attribut prädizieren, für welches die in Frage stehende Empfindung nicht kompetent ist (II, 2); oder durch einen Inhalt, der entstellt ist wegen unnatürlicher Bedingungen des Organismus. In jedem Fall besitzen wir Mittel, die sinnlichen Illusionen zu kontrollieren, und *eine Illusion, die kontrolliert werden kann, ist nicht länger wirklich trügerisch.*

VI. *Schlussfolgerungen.* Wir nehmen die Realität selbst direkt wahr und nicht unsere subjektiven Modifikationen. Wir nehmen sie wahr dank einer engen Zusammenarbeit zwischen den Sinnen und dem Intellekt. Die abstrahierende Arbeit des Geistes, entweder überflüssig oder tiefgehend, begleitet alle unsere sinnliche Erkenntnis und der Geist hat eine Tendenz alle Daten zu vereinen und ein intelligibles Objekt zu erreichen, das immer vollständiger wird. Der Geist ist immer auf der Suche nach Sein und erfasst es, wann immer es sich präsentiert. *Intellectus potest quodammodo omnia fieri.* – „Der Geist kann in gewisser Weise alles werden." Aber er erfasst die Realität unvollkommen. Das reflektierende Studium des epistemologischen Problems wirft Licht auf die spontanen Tätigkeiten des Geistes.

Reflexion macht deutlich, dass Wahrheit nur im Urteil gefunden wird. *Secundum hoc cogniscit veritatem intellectus quod supra se ipsum reflectitur.* – Der Geist erkennt Wahrheit, insofern er auf sich selbst reflektiert. Dies macht ebenso evident, dass der Geist in seinen spontanen Urteilen die Wirklichkeit erfasst. Deshalb wird Thomas dazu geführt hinzuzufügen, dass der Geist von Natur dazu geschaffen ist, die Wirklichkeit zu erfassen, *in cujus natura es tut rebus confirmatur.*[5]

Wenn wir das Vorherige bedenken, können wir die thomistische Lehre in der gut bekannten Formel zusammenfassen, die im dreizehnten Jahrhundert aktuell war: Wahrheit ist die Übereinstimmung zwischen Wirklichkeit und Geist, *veritas est adaequatio rei et intellectus.*

---

[5] De Veritate, q. 1, art. 9.

Kapitel VII

Wille und Freiheit

I. *Zwei Formen des Strebens.* Neben dem erkennenden Leben gibt es eine gewisse lebendige Neigung in uns, die uns dazu verleitet, etwas anderes als uns selbst zu suchen, den Gegenstand in Besitz zu nehmen und uns dadurch einen Gewinn zu verschaffen. Wir wünschen spazieren zu gehen, wir sehnen uns nach einem Haus für uns selbst, um darin zu wohnen, wir versuchen Freunde zu treffen. Diese Beispiele zeigen uns, dass nicht nur äußere Objekte, sondern auch die Ausübung unserer Tätigkeiten selbst Gegenstand unseres Wünschens sein kann. Aber was auch immer wir wünschen, in jedem Fall finden wir das Motiv, das unser Streben herausfordert, in dem Gewinn oder der Erfüllung, die der Gegenstand oder die Tätigkeit für uns erlangt. Denn der Mensch, wie jede andere Kreatur, wird nur angezogen durch das, was für ihn gut ist (VIII, 7) oder zumindest durch das, was ihm gut erscheint.

In der Tat ist unser Wünschen auf ein besonderes Objekt gerichtet, wenn es uns erscheint, das heißt, von uns erkannt wird als für uns geeignet. *Nihil volitum nisi cognitum.* – „Nichts wird erstrebt, außer es ist zuvor erkannt." Streben ist die Tendenz oder Neigung eines erkennenden Subjekts auf ein wahrgenommenes Gut. Und so wie die Erkenntnis in ihrer Art zwiefältig ist, ist auch die Tendenz, die aus der Erkenntnis folgt, verschieden, je nachdem, ob es sich um einen Wahrnehmungsakt oder um eine abstrakte Repräsentation handelt. Der ersteren Tendenz wird der Name sinnliches Streben gegeben, die letztere Tendenz wird als Wille bezeichnet.

II. *Sinnliches Streben und Leidenschaften.* Äußere und innere Empfindungen können unsere Wünsche erwecken, wenn sie für uns die Anziehungskraft eines äußeren Gegenstandes repräsentieren, oder den Reiz und die Freude, die die Ausübung unserer Fähigkeiten begleitet. Und weil jede Empfindung einen vereinzelten, konkreten Inhalt hat (II, 2), so wird es dieses partikuläre Objekt des Sinnes sein oder diese individuelle sinnliche Aktivität, die wir zu erreichen wünschen oder erreichen, wenn unser Streben in Bewegung gesetzt wird.

Die höheren Tiere teilen mit uns gewisse sinnliche Bewegungen, die unsere sinnlichen Strebungen wie Liebe und Hass, Mut, Furcht und Wut begleiten. Diese Emotionen – oder diese Leidenschaften, wie die Scholastiker sie nennen – sitzen im Organismus und sind ihrer Natur nach organisch wie die Empfindungen und sinnlichen Strebungen. Thomas und die Scholastiker rechnen nicht eine Leidenschaft als zu einer anderen Art gehörend wie das sinnliche Streben, das sie begleitet und intensiviert. Wenn diese Leidenschaften oder Bewegungen uns zu einem einzelnen Gut hintreiben oder von einem einzelnen Übel fernhalten, das in der Sinneswahrnehmung gegenwärtig ist, können sie uns verstören oder sogar vollständig dominieren.

III. *Der Wille: seine Notwendigkeit und Freiheit.* Zusätzlich zu diesen Wahrnehmungen eines besonderen Gutes, das uns durch die Sinne dargeboten wird, besitzen wir einen höheren Begriff dessen, was gut ist: die Idee des Guten als solchen. Es bedarf nur geringer Reflexion, um zu verstehen, dass das Gute gedacht werden kann ohne Grenzen, vollständig in sich selbst und universal. Ein unwiderstehlicher Impuls treibt uns zu dem *Guten* als solchem, das allein wir Menschen unter allen materiellen Kreaturen fähig sind zu erkennen. Wir sind uns eines tiefen, unstillbaren Bedürfnisses der Vereinigung unserer selbst mit dem, was in der Lage ist uns in jeder Weise und für immer zu vervollkommnen, bewusst. Es ist ein Bedürfnis, das immer gegenwärtig ist und auf uns wirkt wie ein Gewicht, das einen Hebel ständig nach unten drückt. Insofern und in diesem Sinne *ist der Wille notwendig oder bestimmt* und befindet sich in einem Zustand ständiger Aktivität. Dieser Impuls auf das hin, was für uns geeignet ist, manifestiert sich selbst in der anfänglichen Anziehung, die er in der Gegenwart irgendeines Objekts auf uns ausübt, das wir vorerst als gut betrachten, ohne Beachtung seiner Nachteilen. Wenn sich der Geist in der Gegenwart eines realen Seienden fände, das die ganze Fülle der Gutheit besäße (und nach der scholastischen Philosophie entspricht Gott dieser Beschreibung), würde der Wille in ihm den Gegenstand par excellence finden, der fähig wäre, alle seine Bedürfnisse zu erfüllen, und er würde sich selbst auf Gott stürzen, wie Eisen auf einen Magneten.

Aber auf dem Gebiet unserer irdischen Tätigkeiten sind wir nur mit teilweise guten Dingen konfrontiert und sobald wir nachdenken, werden wir uns dieser Begrenzungen bewusst. Die einem solchen Urteil folgende Überlegung ist es deshalb, in der der Thomismus die Erklärung der Freiheit findet. Jedes gute Ding ist nur gut von einem bestimmten Gesichtspunkt aus, und von einem anderen Gesichtspunkt aus zeigt sich seine Mangelhaftigkeit. Folglich präsentiert uns der Verstand mit zwei Urteilen. Während des Krieges wurde ein Soldat oft gebeten, sich freiwillig für eine Aufgabe zur Verfügung zu stellen, die zum sicheren Tod führen musste, und heroisch, aber frei kam er dem Befehl nach. Wenn er nach einer kurzen Überlegung entschied für sein Land zu sterben, war er das Subjekt einer allgemeinen Anziehung dessen, was gut ist (notwendiger Wille), aber er fand sich selbst in der Gegenwart zweier widersprüchlicher Urteile: „das Leben zu bewahren ist gut" (von einem Gesichtspunkt aus), „das Leben nicht zu bewahren ist auch gut" (in bestimmten Fällen, von einem anderen Gesichtspunkt aus). Deshalb sind wir aufgerufen zu *urteilen* und zu entscheiden zwischen gegensätzlichen Urteilen. Welches sollen wir annehmen? Es ist der Wille, der die Wahl treffen muss, und die Entscheidung wird völlig frei sein, weil kein Urteil unsere Zustimmung notwendig fordert. Wir wählen frei das Gute, wie es uns angeboten wird von einem der beiden Urteile, nicht weil es ein *größeres* Gut ist, sondern weil es *ein* Gut besitzt.

In einem gewissen Sinne ist es wahr, dass wir das wählen, was wir für besser halten. Aber um ganz genau zu sein, sollten wir hinzufügen, dass es ein freier Eingriff des Willens ist zu entscheiden, was besser ist. In der Tat kann der Wille jede der Alternativen bevorzugen. Wenn der Moment der definitiven Wahl kommt, endet die *Überlegung* und weicht der *Entscheidung*. Durch diese Analyse vermieden Thomas von Aquin und Duns Scotus den psychologischen Determinismus, wie er von anderen Scholastikern - etwa Gottfried von Fontaines und Johannes Buridan – vertreten wurde.

Freiheit, deren psychologischen Prozess wir soeben erläutert haben, manifestiert sich in zwei Formen: in der Ausübung des Willens und in der Wahl. Bei Ersterem entscheide ich mich zu wollen oder mich des Wollens und Wählens zu enthalten, und meine Entscheidung unterscheidet sich zu verschiedenen Zeiten - so wie ein Bürger sich entscheidet, sein Kreuz gegen den Namen einen Kandidaten zu setzen oder auch sich der Wahl zu enthalten. Dies ist bekannt als Freiheit der Ausübung (*libertas exercitationes*). Im zweiten Fall entscheide ich mich zu wollen und wähle eine von zwei möglichen Dingen, wie der Wähler, der den Stimmzettel entsprechend seinen Präferenzen markiert; dies ist die Freiheit der Spezifikation (*libertas specificationis*). Soll ich zum Beispiel auf Reisen gehen oder nicht? Es hängt von mir selbst ab, ob ich von meiner Entscheidung abweiche oder auf einmal entscheide. Die Scholastiker sprachen auch von einer dritten Form der Freiheit: dem moralischen Wert eines Willensaktes. Darüber werden wir später sprechen (XII, 3).

Auf jeden Fall ist es einfach zu sehen, dass Wollen und Freiheit zum Bereich des Bewusstseins gehören, dass äußere Verletzungen als solche sie nicht betreffen und dass die Durchführung von Handlungen das Ergebnis einer freien Entscheidung ist, aber nicht deren Wesen konstituieren kann. Dies bedeutet nicht, dass die Freiheit nicht durch äußere Elemente verstärkt oder geschwächt werden kann.

IV. *Gefühle*

Bevor wir die Verstärkung oder Schwächung unserer freien Handlungen durch andere Elemente berühren, ist es gut zu bemerken, dass unsere affektiven Zustände, die unserem Wollen vorausgehen, wie hoffen oder verzweifeln, oder diesen folgen, wie Freude oder Schmerz etc., von den Scholastikern als Modifikationen des Wollens selbst angesehen werden - ebenso wie die Leidenschaften als

Modifikationen der Sinnesempfindungen verstanden werden. Es sind einfach gewisse Modi des Seins unserer Wünsche in Beziehung auf ein Objekt. In der Folge bleiben Freude und Schmerz und haben ihren Sitz im Wunsch selbst, von dem sie eine Art von Tonalität bilden. Und wie jede Aufwendung von bewusster Energie ein Gegenstand des Wunsches werden kann und gewollt wird um eines Nutzens willen, der sich daraus ergibt, in derselben Weise ist die Ursache oder Quelle der Freude die bewusste Aktivität selbst, wenn sie von bestimmten Bedingungen begleitet wird. Deshalb bildet die Freude einer Tätigkeit (wie z.B. Spazierengehen oder Sich-etwas-Widmen), um einen treffenden Ausdruck Aristoteles' zu gebrauchen, eine Ergänzung der Tätigkeit selbst, „wie das Blühen in der Jugend".[1]

Aus dem, was wir gesagt haben, folgt, dass die Scholastik nichts weiß von einer dreifachen Unterscheidung unserer psychischen Tätigkeiten, wie sie von Tetens und Kant eingeführt wurde, die zwischen Erkennen, Streben und Gefühl unterscheiden. Das Letztgenannte gilt stattdessen als etwas natürlich Unselbständiges oder als das sinnliche Streben des Willens.

V. *Äußere Einflüsse und der Wille.* Weil Freiheit einen Geist voraussetzt, der reflektiert und seine eigenen Urteile bildet, ist sie selbst eine Bekräftigung des Ansehens, das der Verstand als unbestrittener Monarch des menschlichen Seins genießt. Es ist der Geist, der unseren freien Willen erleuchtet, und klare geistige Schau ist die ursprüngliche Bedingung für eine normale Ausübung der Freiheit.

Es ist aber eine Sache unserer gewöhnlichen Erfahrung, dass unsere Überlegungen von anderen Motiven berührt werden als den realen Werten der Gegenstände, die zu berücksichtigen sind. Wir werden durch unsere Emotionen, Leidenschaften und Gefühle beeinflusst und können überwältigt werden durch ihre ungeordneten Eingebungen, außer wir beachten die Vorsichtsmaßnahmen, sie durch unseren Verstand zu disziplinieren. Oder anders gesagt, unsere spontane Sympathie oder der Vorzug für eine der Alternati-

[1] Aristoteles, Nikomachische Ethik, L. X, cap. 4.

ven kann über den wirklichen Wert des Gegenstandes unserer Wahl hinwegtäuschen. *Pro ut unus quique affectus est, ita judicat.* Denn wie jemand durch seine Affektionen geneigt ist, so urteilt er. Jegliches, was unseren geistigen Blick auf die Dinge klärt, erhöht dadurch unsere Freiheit; und umgekehrt: was auch immer den Verstand verdunkelt, vermindert unsere Freiheit. In derselben Weise können Bedrohungen, Terrorismus, äußere Verletzungen oder organische Störungen vollständig die Ausübung der Vernunft unterdrücken und deshalb in einem bestimmten Fall keinen Raum für die Freiheit lassen.

Auf der anderen Seite kann ein Mensch, der Meister seiner selbst ist, seine Leidenschaften, Neigungen und Genüsse gewinnen, um sie in den Dienst der freien Entscheidung zu stellen, und seine Freiheit mit psychologischer Kraft verstärken. Dies könnte ein Forscher oder Missionar sein, der in seinem glühenden Temperament verschiedene Elemente findet, die ihm helfen, eine Aufgabe seiner freien Wahl wirkungsvoller und intensiver zu wollen.

Die Interaktion der verschiedenen Tätigkeiten unseres Erkennens und Wollens und ihre Abhängigkeiten vom Organismus, die wir hier nicht alle behandeln können, führt uns zu einer anderen Lehre, nämlich der von der Einheit des Ich. Aus didaktischen Gründen haben wir unsere kognitiven Handlungen von unseren Wünschen isoliert. In der Tat, die wechselseitige Abhängigkeit zwischen ihnen, die wir bereits bemerkt haben, zeigt, dass sie nicht nebeneinanderstehen wie Figuren auf einem Schachbrett, sondern dass sie eher gegenseitig durchdringen. Wir werden später sehen, dass alle menschlichen Funktionen aus einer einzigen Quelle hervorgehen (X).

Kapitel VIII

Ein Universum von Individuen

I. *Das Universum, eine Ansammlung individueller Dinge.* Stellen wir uns für einen Moment vor, dass durch irgendeine große kosmische Katastrophe die Tätigkeit und Bewegung des Universums plötzlich zum Stillstand gebracht würde und dass wir in der Lage wären mit Muße die Wirklichkeit, aus der das Universum gemacht ist, zu sezieren, in der gleichen Weise, in der Archäologen die Einrichtung eines Hauses in Pompeji ausgraben und studieren. Was würde eine ähnliche Analyse der Welt, in der wir leben, dem Geist der mittelalterlichen Scholastiker offenbaren?[1]

An erster Stelle könnten wir sehen, dass zusätzlich zur menschlichen Rasse tausende anderer Seiender existieren und dass jedes einzelne dieser Seienden ein konkretes, individuelles Ding ist, unabhängig von und nicht mitteilbar für jeden anderen in seiner innersten Natur, mit Hinweis auf die πρώτηοὐσία des Aristoteles oder die Monade Leibniz'. Allein Individuen existieren. Wir könnten diese Individualität in jeder Pflanze und jedem Tier realisiert finden sowie für den Bereich des Lebens und, für die anorganische Welt, in den Teilchen der vier Elemente (Luft, Wasser, Feuer, Erde) oder aber in einem Zusammengesetzten, das aus der Kombination

[1] Wir übergehen die scholastische Lehre bezüglich der Konstitution der himmlischen Körper aus Gründen der gebotenen Kürze.

dieser Elemente sich ergibt und das selbst einen spezifischen Zustand des Seins besitzt (*mixtum*). Die Chemie des Mittelalters war sehr rudimentär und enthielt eine Mischung aus Wahrem und Falschem. Auf der anderen Seite weist die Metaphysik, obwohl sie eng mit dieser Chemie verbunden war, eine unabhängige Entwicklung auf. Es gehört zwar zu den besonderen Wissenschaften zu bestimmen, was ein ursprüngliches Teilchen einer körperlichen Materie in jedem einzelnen Fall ist. Für den Metaphysiker ist es nur von geringer Bedeutung, ob dies Moleküle oder Atome (oder auch Ionen oder Elektronen) sind. Nehmen wir an, es sei das Atom: dann würde der Scholastiker sagen, dass die Atome des Sauerstoffs, des Chlors etc. die realen Individuen der anorganischen Welt seien, dass sie es seien, zu denen die Existenz ursprünglich gehöre, und dass sie allein innere Einheit besäßen.

Was ist die Natur dieser individuellen Wirklichkeiten, aus denen das Universum besteht?

II. *Substanz und Akzidens*. Untersuchen wir etwas aufmerksamer, jedes der vielen Dinge um uns herum, von allen Seiten – eine bestimmte Eiche zum Beispiel. Dieses einzelne, individuelle Ding besitzt viele Charakteristika: die Eiche hat eine bestimmte Höhe, einen Stamm mit einer zylindrischen Form und einem bestimmten Durchmesser, ihre Rinde ist rau oder „knorrig", wie die Dichter sagen, ihr Laub hat eine dunkle Farbe, sie besetzt bestimmte Orte in einem Wald, ihr Laub übt eine gewisse Tätigkeit auf die sie umgebende Luft aus und sie selbst ist umgekehrt beeinflusst durch äußere Dinge wie die Flüssigkeit und die belebenden Elemente, die sie aus dem Boden entnimmt. Alles dies sind viele Attribute oder Bestimmungen des Seins oder, um die scholastische Terminologie zu gebrauchen, viele „Kategorien" - Quantität, Qualität, Tun, Leiden, Zeit, Raum und Relation.

Aber alle zuvor genannten Kategorien oder Klassen der Wirklichkeit setzen eine noch fundamentalere voraus. Kann irgendjemand ein Seiendes „mutig" denken, ohne jemanden, der mutig ist? Kann jemand sich Quantität, Dicke, Wachstum und den Rest vorstellen, ohne etwas – unseren zuvor erwähnten Eichenbaum zum Beispiel – , zu dem es gehört? Weder die Tätigkeit des Wachsens, noch die

Ausdehnung, die von der Quantität herrührt, kann als unabhängig von einem Subjekt gedacht werden. Dieses fundamentale Subjekt nannten Aristoteles und die Scholastiker nach ihm *Substanz.* Die Substanz ist eine Realität, die in der Lage ist, in und durch sich selbst (*ens per stans*) zu existieren; sie ist selbständig. Es bedarf keines anderes Subjekts, in dem sie ist, aber sie ist ebenso der Träger für den ganzen Rest, der deshalb mit dem Begriff der Akzidenzien benannt wird – *id quod accidit alicui rei*, das, was auf anderes superveniert.[2]

Es ist nicht nur wahr, dass wir materielle Realitäten in Begriffen von Substanz und Akzidens *denken* – und keine Philosophie bestreitet die Existenz dieser beiden Begriffe in unserem Geist –, sondern auch, dass Substanz und Akzidens unabhängig *existieren*, außerhalb unseres Geistes. In der Ordnung der realen Existenz wie in der Ordnung unseres Denkens sind Substanz und Akzidens relativ zueinander. Wenn wir die externe Existenz eines Akzidens aufweisen (die Dicke eines Baumstammes zum Beispiel), dann haben wir damit die Existenz der Substanz (d.h. des Baumes) demonstriert. Wenn die Tätigkeit des Gehens keine Illusion ist, sondern etwas Wirkliches, muss dasselbe auch wahr sein bezüglich des Seienden, das geht und ohne das es keine Tätigkeit des Gehens gäbe.

Locke und viele andere haben die scholastische Theorie der Substanz kritisiert. Ihr Einwand jedoch beruht auf einem zweifachen Missverständnis dessen, was die Theorie beinhaltet. Erstens wird vermutet, dass man zu wissen behaupte, worin eine Substanz sich von der anderen unterscheidet. Die scholastische Philosophie hat jedoch nie behauptet zu wissen, worin eine Substanz sich von der anderen in der äußeren Welt unterscheidet. Der Begriff der Substanz wurde nicht als Frucht einer Eingebung erlangt, sondern durch einen Prozess der Argumentation, der uns nicht sagt, *was* spezifisch in jeder Substanz ist, sondern nur, *dass* es Substanzen gibt. Wir wissen, dass sie existieren müssen, aber niemals, was sie sind. Tatsächlich ist die Idee der Sub-stanz inhaltlich dürftig. Wir

---

[2] „Ein Akzidens muss nicht ‚zufällig' sein in dem Sinne, wie wir das Wort gebrauchen, aber es muss verbunden sein mit einem Seienden oder einer Substanz." WICKSTEED, PH. H.: The Reactions between Dogma and Philosophy, Illustrated from the Work of S. Thomas Aquinas, London, 1920, p. 421.

müssen hier wiederholen, dass wir nicht das Recht haben von einer Theorie eine Erklärung zu erwarten, die sie nicht zu geben verspricht.

Das zweite Missverständnis, das wir einfach beseitigen können, stellt die Substanz eines Seienden als etwas dar, das schlicht seinen anderen Attributen zugrunde liegt. Wenn man annimmt, etwas liege hinter oder unter den Akzidenzien, wie die Tür unter dem Farbanstrich, bedeutet das schlicht, eine falsche Interpretation der scholastischen Theorie zu geben, und natürlich gibt es dann keine Schwierigkeit eine solche Konzeption lächerlich zu machen. Aber diese Interpretation ist falsch. Substanz und Akzidens konstituieren zusammen ein und dasselbe konkrete Ding. In der Tat ist es die Substanz, die den einzelnen Bestimmungen oder Akzidenzien Individualität verleiht. Es ist die Substanz der Eiche, die die Grundlage und Quelle der Individualität konstituiert und deshalb diese Individualität ihren Qualitäten verleiht, ihren Abmessungen und der Reihe ihrer akzidentellen Bestimmungen. Diese *toutensemble* der Substanz und der akzidentellen Bestimmungen, alle zusammengenommen, existiert durch eine Existenz, nämlich die der konkreten Eiche als ganzer. Diese Lehre wird im nächsten Kapitel entwickelt, in dem wir die Funktion der Substanz im Zyklus der kosmischen Evolution betrachten.

Nicht weniger als die Substanz eines individuellen Menschen oder einer Eiche verdienen die Bestimmungen, die sie betreffen, unsere sorgsame Aufmerksamkeit. Sind die Gestalt, die Rauheit, die Stärke etc. unterschiedliche Realitäten, die in einem existieren, das fundamentaler ist, und wenn dies zutrifft, in welchem Sinne?

Diese Frage zu stellen ist gleichbedeutend mit der Frage, was diese Bestimmungen oder supervenierenden Zustände sind, die einen Menschen oder eine Eiche als rau, stark und raumeinnehmend qualifizieren.[3] Überprüfen wir die Hauptklassen der Akzidenzien, nämlich Quantität, Tätigkeit, Qualität, Raum und Zeit und Relation.

---

[3] Nach dem Vorherigen ist klar, dass eine Substanz nicht genau dasselbe ist wie eine Wesenheit. Eine Substanz hat ihre eigene Wesenheit und die Akzidenzien die ihre.

III. *Quantität, Tätigkeit, Qualität*. Das substanzielle Subjekt, das ich Peter nenne, oder irgendein besonderer Löwe besetzt nicht bloß einen mathematischen Punkt: sein Körper ist aus Teilen gemacht, die in Kontakt mit anderen Teilen stehen (Quantität) und die auch auseinander existieren (Ausdehnung). Die innere Ordnung, die das Ergebnis dieses Nebeneinander ist, konstituiert den inneren oder privaten Raum oder Ort des in Frage stehenden Körpers. Ausdehnung konstituiert nicht das Wesen eines materiellen Dinges (wie Descartes dachte), sondern es ist das primäre reale Attribut oder die Eigenschaft (*proprium*), natürlich von dem Dingen untrennbar, und dasjenige, von dem uns unsere Sinne die genaueste Information geben (VI, 2).

Wenn wir uns für einen Moment eine plötzliche Versteinerung im Universum vorstellen, wären alle diese quantifizierten Subjekte in *wechselseitiger Aktion und Reaktion* tätig. Chemische Elemente befänden sich in Prozessen der Zusammensetzung oder Auflösung; äußere Objekte würden visuelle Empfindungen in den Augen von Tieren und Menschen hervorrufen. Denn jede Substanz ist tätig – so sehr, dass ihre Tätigkeit ein Maß der Vollkommenheit bildet (*agere sequitur esse*, die Tätigkeit folgt aus der Existenz) – und wenn ein Seiendes nicht tätig wäre, würde ihm ein zureichender Grund seiner Existenz fehlen. Die Tätigkeit, die ein Seiendes ausübt oder der es unterworfen ist, ist eine reale Modifikation des Seins und kann nicht bestritten werden, wenn wir nicht vor den Tatsachen fliehen wollen. Es ist zum Beispiel klar, dass das Denken eines Edison die Wirklichkeit des beteiligten Subjekts bereichert. Natürlich verstehen wir nicht, *wie* oder in welcher Weise ein Seiendes A, unabhängig von B, dennoch eine Wirkung in B erzeugen kann. Noch einmal sei gesagt, dass wir von einer Theorie nicht etwas erwarten dürfen, was diese nicht zu geben in der Lage ist.

Nach der Auffassung der Scholastiker modifiziert die *Qualität* eines Seienden dieses wirklich in seinem besonderen Charakter und erlaubt uns zu sagen, von welcher Art es ist (*qualis*). Rigoros gesprochen, ist die Qualität nicht eine Definition, insofern der Begriff zu elementar ist, um genau definierbar zu sein. Die natürliche *Figur* oder Form, zum Beispiel ein Gesicht oder ein Mund eines bestimmten Typs, gehört zur Gruppe der Qualitäten (*figurae*). Sie geht hervor aus der Disposition oder dem Arrangement der quantifizierten Teile, aber sie bestimmt das Seiende auf andere Weise als die bloße Ausdehnung.

Abgesehen von der Figur eines Seiendes führen die Scholastiker eine zweite Gruppe von Qualitäten ein, die auf den *inneren Kräften der Tätigkeit* beruht, von Fähigkeiten – Reservoirs sozusagen, aus denen die Tätigkeiten erfließen –, zum Beispiel wenn wir von einem Menschen sagen, dass er intelligent oder willensstark sei. Sie sind bekannt als Kräfte (*potentiae*) im Allgemeinen und als ‚Vermögen' im Fall von Menschen. Thomas behauptet, dass jedes begrenzte Seiende tätig sei durch Prinzipien der Tätigkeit. Nur das unendliche Seiende handelt direkt durch Seine Substanz, weil in Ihm Existenz und Tätigkeit identisch sind.

Schließlich zeigt uns die Erfahrung, dass Vermögen durch Ausübung eine gewisse reale Geschmeidigkeit oder Leichtigkeit bekommen, die sie prädisponiert, einfacher oder mit größerer Energie zu handeln. Die professionelle Kompetenz eines Handwerkers, die muskuläre Agilität eines Baseballspielers, die klare Besonnenheit eines Mathematikers, die moralische Gradlinigkeit eines gemäßigten oder gerechten Mannes sind alles Dispositionen, die mehr oder weniger dauerhaft sind, beständige ‚Gewohnheiten', ‚Tugenden', die in unterschiedlichen Subjekten variieren, die aber das Sein derjenigen bereichern, die sie besitzen, weil sie mit allen Kräften der Tätigkeit zusammenwirken.

IV. *Raum und Zeit*. Wir können die Frage nach dem Raum, die Thomas von Aquin ebenso wie andere Scholastiker ausführlich durchdacht hat, hier nur kurz berühren – nicht nur nach dem inneren Raum, der jedem Körper zu eigen ist und den er mit der materiellen Grenze identifiziert, sondern nach dem Raum als einem Ganzen, das Ergebnis des Nebeneinander aller existierenden Körper ist. Der Raum ist offensichtlich eine Funktion materieller Dinge, die wirklich existieren. Die ‚Vielzahl' solcher Seienden könnte ohne Grenzen sein, denn es ist nicht widersprüchlich eine unendliche Vielzahl materieller Dinge anzunehmen, von denen jedes einen internen Raum einnimmt, der in seiner Ausdehnung begrenzt ist.

Der Raum als Ganzes, als Summe dieser individuellen Räume, könnte deshalb unendlich sein.

Nach Thomas' Meinung ist die Zeit wirklich dasselbe wie eine kontinuierliche Bewegung oder Veränderung, in der alle realen Seienden beinhaltet sind. Aber es gibt durch bloße mentale Tätigkeit ein Aufbrechen, ein Zählen, dieser kontinuierlichen Bewegung in verschiedene Teile, die schließlich als aufeinander folgend erscheinen. *Tempus est numerus motus secundum prius et posterius*[4] ist die prägnante Definition, die Thomas von Aristoteles übernimmt. Zeit ist das Maß der (kontinuierlichen) Veränderung, die der Geist als Auseinanderfolge von Teilen sieht. Allein der gegenwärtige und fließende Zustand eines sich verändernden Seienden ist real und existierend. Unter der Voraussetzung einer bewegungslosen Welt, die wir zuvor gemacht haben, wäre die gegenwärtige Zeit ein Querschnitt des Universums in seinem aktuellen Zustand, gesehen in Beziehung zu Vergangenheit und Zukunft. Weil nun die Vielfalt des Seienden nicht notwendigerweise begrenzt ist, können wir durch einen Prozess, der unserer Argumentation bezüglich des Raumes ähnlich ist, schließen, dass Zeit, das Maß der Veränderung, die wirklich in der Zukunft stattfinden wird, ebenso in jede Richtung ohne Grenze ist.[5]

V. *Relationen.* Wenn wir den passiven, intransitiven Zustand übergehen (zum Beispiel den Zustand leidend zu sein), den die Scholastiker als eine von der Substanz, die sie betrifft, unterschiedene Wirklichkeit behaupten, dann bleibt die letzte Kategorie, nämlich die *Relation.* Hierdurch wären die Millionen von Seienden, die das Universum ausmachen, von dem Moment an, an dem wir sie in ihrem Verlauf eingesperrt bzw. angehalten haben, miteinander in einem geschlossenen Netzwerk verbunden. Durch Relationen sind einige Dinge *für* andere Dinge oder stehen in einer besonderen Weise *in Richtung auf* andere Dinge (*ad alterum*). Zum Beispiel ist es

[4] De tempore, cap. 2

[5] Konkreter Raum und konkrete Zeit, die wir gerade diskutieren, sind gänzlich verschieden vom idealen Raum und der idealen Zeit, die durch einen Prozess der Abstraktion und Universalisierung von den realen Relationen unseres Universums getrennt sind und mental auf eine unbestimmte Zahl möglicher Welten angewendet werden können.

eine Relation, dass verschiedene Menschen größer oder kleiner sind als andere, stärker oder schwächer, tugendhafter oder böser, eifersüchtiger als andere oder schlechter regiert usw. Ist die Beziehung „größer als“ verschieden von der Größe oder Quantität des in Frage stehenden Dinges, ist dann die Quantität die Grundlage der Beziehung? Thomas beantwortet diese Frage negativ und er hätte nicht zugelassen, dass diese Beziehungen eine getrennte Wirklichkeit in sich selbst hätten. Mein Größer- oder Kleiner-Sein in Bezug auf einen bestimmten Afrikaner ist nicht eine neue Wirklichkeit, die zu meiner Figur oder meiner absoluten Größe hinzukäme. Ansonsten würde ich ständig Wirklichkeiten hinzugewinnen oder verlieren, zu jeder Zeit, zu der ein Afrikaner seine Größe verringerte oder vergrößerte, während ich gleichzeitig die gleiche Größe behielte, was sicherlich lächerlich wäre.

Fahren wir fort mit der Untersuchung unseres toten Universums. Denn es gibt zwei weitere statische Aspekte des Ensembles von Dingen: ihre hierarchische Anordnung und Vielzahl auf der einen Seite und gewisse Attribute, die als ‚Transzendentalien‘ bekannt sind, auf der anderen Seite.

VI. *Grade der Wirklichkeit und Vielzahl in jedem Grad.* Obwohl jedes materielle Ding es selbst ist, ist es leicht zu sehen, dass es viele Menschen gibt, die alle zu derselben Art gehören, in der diese Individuen eine substanzielle Vollkommenheit besitzen, die ähnlich ist. Auf der anderen Seite gehören „Mensch“ und „Eiche“ zu unterschiedlichen Graden der Wirklichkeit.

Die Erklärung dafür ist, dass jede materielle Substanz in sich selbst ein spezielles Prinzip hat (wir können es später substanzielle Form nennen) und das spezielle Prinzip der Eiche völlig verschieden von dem des Menschen ist, das des Sauerstoffs von dem des Wasserstoffs und so weiter. Das Universum der Scholastiker ist hierarchisch geordnet oder gestuft, nicht nur durch quantitative Unterschiede (mechanistische Theorie), sondern hinsichtlich ihrer inneren Vollkommenheit (Dynamismus). Eine Folge davon ist, dass die substanzielle Vollkommenheit eines Menschen oder einer Eiche keine Grade kennt.[6] Etwas ist entweder ein Mensch oder nicht: wir können nichts bloß zur Hälfte sein. *Essentia (id est substantia) non suscipit plus vel minus.* – Die Wesenheit oder Substanz ist der Art nach dieselbe in jedem Menschen. Daraus ergeben sich wichtige soziale Konsequenzen, die wir später darstellen werden.

Auf der anderen Seite sehen wir in ein und derselben substanziellen Ordnung der Wirklichkeit eine unbestimmte Zahl verschiedener Individuen. Ob wir die Vergangenheit oder Zukunft bedenken, es gibt Millionen von Eichen und Millionen von Menschen. Sind Individuen, die zu ein und derselben Art gehören, nichts anderes als Doubles oder Kopien voneinander? Haben verschiedene Menschen oder Eichen genau denselben Wert der Wirklichkeit? Nein. Obwohl ihre substanzielle Vollkommenheit hinsichtlich ihrer Natur und ihres Wertes dieselbe ist, unterscheiden sich ihre Akzidenzien und im Besonderen ihre Qualitäten, ihre Quantitäten und Tätigkeiten. Menschen und Eichen wurden geboren mit unterschiedlichen natürlichen Fähigkeiten und die Kräfte ihrer Tätigkeit unterscheiden sich in ihrer Intensität. Sogar zwei Wasserstoffatome (vorausgesetzt, das Atom ist die chemische Einheit) besetzen unterschiedliche Orte und haben unterschiedliche Umgebungen, was zureichend ist, um sie zu unterscheiden. *Gleichheit der Sub-stanz und Ungleichheit der Akzidenzien* ist das Gesetz, das die Unterscheidung von Individuen beherrscht, die dieselben Grade des Seins besitzen, soweit es um die substanzielle Vollkommenheit geht. Wir werden sehen, dass die Existenz von Menschen in Gemeinschaften eine einfache Anwendung dieses Prinzips ist.

VII. *Innere Einheit, Wahrheit, Gutheit.* Weil jedes Seiende, das existiert oder fähig ist zu existieren, selbst ein Individuum ist, besitzt es eine innere Einheit. *Ens et unum convertuntur* – Sein und Einheit sind wechselseitig austauschbare Begriffe. Einheit ist einfach ein Aspekt des Seins. Teile eines Dinges, seien sie materiell oder etwas anderes, sind alle vereinigt und existieren nicht als sie selbst, sondern für die individuelle Ganzheit. Hier müssen wir vorsichtig sein, um eine falsche Interpretation dieser Lehre zu vermeiden. Die in Frage

[6] Sie ist gegründet auf eine unveränderliche Beziehung zu Gott, dessen Vollkommenheit jedes Seiende imitiert.

stehende Einheit ist die Einheit eines individuellen Dinges, wie es in der Natur gefunden wird. Was ist die Einheit eines Menschen, eines Tieres, einer Pflanze oder eines Atoms? Die Einheit eines solchen Individuums ist völlig verschieden von einer natürlichen Ansammlung (z.B. eines Berges oder einer biologischen Kolonie) oder eines Artefakts (etwa eines Autos oder eines Hauses). Diesen sprechen wir eine nominelle Einheit zu, denn sie sind in sich selbst eine Ansammlung von Millionen individueller Dinge, die in verschiedenen Weisen mehr oder weniger verwickelt vereint sind durch akzidentelle Zustände. Eine menschliche Gemeinschaft ist eine Einheit dieser Art.

Alles kann Gegenstand der Erkenntnis werden und in diesem Sinne, den wir bereits zuvor berührt haben (VI, 6), ist alles *wahr*.

Jedes Seiende ist durch seine Tätigkeiten auf ein bestimmtes Ziel gerichtet und dieses Ziel ist sein eigenes Gut oder seine eigene Vollkommenheit. Es gäbe keinen zureichenden Grund für ein Seiendes, tätig zu sein, außer für das, was für es selbst angemessen ist (*bonum sibi*). Deshalb wird das Gute das genannt, *„was alle Dinge begehren"*, *bonum est quod omnia appetunt*. Jedes Ding ist *gut* in sich selbst und für sich selbst. Augustinus bemerkt, dass dies selbst wahr ist für solche Dinge wie Skorpione, denn ihr Gift ist gefährlich nur für andere Seiende. Diese Tendenz zum Gutsein, die tief in allem verwurzelt ist, manifestiert sich selbst in einer Weise, die der besonderen Natur jedes Seienden angepasst ist. Sie ist blind und unbewusst im fallenden Stein oder in einem Molekül, das durch seine chemischen Affinitäten beherrscht wird; sie ist bewusst, aber notwendig oder ‚determiniert', wie die Modernen sagen, in einem wilden Tier in Gegenwart seiner Beute; sie kann bewusst und zusätzlich frei sein im Falle des Menschen.

Einheit, Wahrheit, Gutheit werden ‚transzendentale Attribute' genannt, weil sie nicht speziell auf eine besondere Klasse oder Kategorie von Seienden zutreffen, sondern alle Klassen übersteigen (*trans-cendunt*), und so sie finden sie sich in allem und jedem Seienden.

VIII. *Scholastik, der verschworene Feind des Monismus.* Die Individualität einer Zahl von Seienden beinhaltet ihr Verschiedensein: eine Substanz ist nicht eine andere. Weil das Universum eine Ansammlung individueller Dinge ist, ist die Scholastik der verschworene Feind des Monismus, der annimmt, dass alle oder mehrere Seiende in ein einziges Seiendes verschmolzen seien. Für Thomas von Aquin beinhaltet der Monismus einen Widerspruch. Denn er muss entweder die *reale Verschiedenheit* der unterschiedlichen Manifestationen oder Formen des Einen *bestreiten*, und in diesem Fall müssten wir folgern, dass Vielfalt nichts Wirkliches, sondern eine Illusion sei; – oder aber er muss *behaupten*, dass solch eine *Verschiedenheit wirklich sei*, und dann würde folgen, dass die Idee der Vereinheitlichung oder Identität absurd sei.

Mit anderen Worten: die Verschiedenheit und wechselseitige Irreduzibilität individueller Substanzen ist der einzige zureichende Grund für die Verschiedenheit, die sich im Universum zeigt. Wir werden später sehen, dass die Analyse der Daten des Bewusstseins ein zweites Argument gegen den Monismus liefert, soweit dies das individuelle menschliche Seiende betrifft (X, 1).

Obwohl diese Argumentation auf alle Formen des Monismus angewandt werden kann, bekämpfte Thomas grundsätzlich solche Systeme, die zu seiner Zeit aktuell waren: den extremen metaphysischen Monismus des Avicebron, den materialistischen Monismus des David von Dinant und den modifizierten Monismus oder Monophysitismus der westlichen Averroisten, die behaupteten, dass es nur eine mensch-liche Seele für die ganze Menschheit gäbe.

Kapitel IX

Der Prozess der Veränderung

I. *Aktualität und Potenzialität.* Unsere Voraussetzung eines bewegungslosen und toten Universums ist schließlich nur ein Kunstgriff für unsere didaktische Methode. Denn es ist gewiss, dass die von uns beschriebenen Dinge Akteure in einem kosmischen Drama sind: sie sind geboren aus einem Strom der Veränderung und nichts ist bewegungslos.

Moleküle oder Atome, einzellige Seiende oder Organismen sind alle dem Gesetz der Veränderung unterworfen. Substanzen zusammen mit ihren Akzidenzien sind ständig im Werden. Die Eiche entwickelt sich aus einer Eichel, sie wird groß und massiv, ihre vitalen Tätigkeiten sind ständig der Veränderung unterworfen und der Baum selbst wird schließlich verschwinden. So wird auch der Löwe geboren, entwickelt sich und wächst, jagt seine Beute, breitet seine Art weiter aus und stirbt schließlich. Um es zu wiederholen: das menschliche Leben, sowohl in seiner embryonalen als auch in seiner entwickelteren Form, ist ein unaufhörlicher Prozess der Anpassung. Wenn wir die volle Bedeutung der Realität zu verstehen wünschen, müssen wir das Sein in den Schmelztiegel der Veränderung werfen. Deshalb muss der statische Gesichtspunkt oder die Welt, verstanden im Zustand der Ruhe, ergänzt werden durch den dynamischen Gesichtspunkt oder die Welt im Zustand des Werdens. Hier stoßen wir auf einen weiteren scholastischen Begriff, nämlich die berühmte Theorie von Aktualität und Potenzialität, von der sich durchaus sagen lässt, dass sie den Eckstein bildet im Gewölbe der Metaphysik.

Diese Theorie resultiert aus der Analyse dessen, was Veränderung im Allgemeinen impliziert. Was ist Veränderung? Es ist ein realer Übergang von einem Zustand zu einem anderen. Die Scholastiker argumentieren deshalb: Wenn ein Seiendes von einem Zustand A zu einem Zustand B übergeht, muss es bereits im Zustand A den Keim der zukünftigen Bestimmung im Zustand B enthalten. Es hat die Fähigkeit oder Potenzialität, B zu werden, bevor es wirklich B ist. Diese Quasi-Präexistenz zu bestreiten bedeutet die Realität der Veränderung oder die Evolution der Dinge zu bestreiten. Denn was wir Veränderung nennen, wäre dann schlicht eine Reihe von momentanen Erscheinungen der Realität und deren Verschwinden ohne innere Verbindung, welcher Art auch immer, zwischen den Mitgliedern der Reihe, von denen jede Erscheinung eine unendliche kleine Dauer besitzt. Die Eiche muss potenziell in der Eichel sein: wenn sie nicht potenziell da wäre, wie könnte sie jemals daraus entstehen? Auf der anderen Seite ist die Eiche nicht potenziell im Kieselstein, der über den See rollt, obwohl der Kieselstein äußerlich eine große Ähnlichkeit mit der Eichel hat.

Akt oder Aktualität (*actus*) ist jeder gegenwärtige Grad von Realität. Potenz (*potentia*) ist die Anlage oder Fähigkeit, diesen Zustand der Realität zu erreichen. Sie ist in einem gewissen Sinne Unvollkommenheit oder Nichtsein, aber sie ist nicht bloß nichts, denn sie ist Nichtsein in einem bereits existierenden Subjekt und hat in sich selbst den Keim der künftigen Aktualisierung.[1]

---

[1] Wir verzichten bewusst auf die Übersetzung von *potentia* durch „Kraft", wie dies gelegentlich geschieht. „Kraft" hat praktisch überall einen aktiven Sinn, der völlig abwesend ist bei *potentia* im Gegensatz zu *actus*. Ein Beispiel kann diese Bedeutung klar machen. Ein Bildhauer ist *in potentia* zur Bearbeitung einer Statue, aber es ist ebenso wahr, dass der Marmorblock *in potentia* eine Statue werden kann. Wir können sagen, dass der Bildhauer die „Kraft" hat, eine Statue zu bilden, aber es wäre schwer zu sagen, dass der Marmorblock die „Kraft" hätte, eine Staue zu werden. Deshalb hier der Einwand zum Gebrauch des Wortes „Kraft". Ein Ding ist in Potenz zu dem, was es wird, ob durch seine eigene Aktivität oder durch die Aktivität von irgendetwas anderem.

Die Dualität von Akt und Potenz betrifft die Wirklichkeit in ihrer innersten Tiefe und erstreckt sich auf die Zusammensetzung von Sub-stanz und Akzidens, von Materie und Form.

II. *Das Werden einer Substanz.* Wenn man sagt, dass eine konkrete Substanz, wie z.B. diese Eiche oder dieser Mensch, sich im Prozess des Werdens befindet, bedeutet dies, dass sie sich realisiert oder ihre Potenzialitäten aktualisiert. Ein Kind ist bereits ein kräftiger Athlet, der es eines Tages sein wird. Wenn es dazu bestimmt ist, eines Tages ein Mathematiker zu werden, dann besitzt es bereits in der Wiege diese Neigung oder Prädisposition, während ein anderes Kind in dieser Hinsicht benachteiligt ist. Jede Zunahme der Größe, alle neuen Qualitäten, ausgeübte Tätigkeiten und Unternehmen, alle neuen Beziehungen, in denen ein Subjekt mit der Umgebung verbunden ist, all die verschiedenen Positionen in Raum und Zeit waren in der Lage in die Existenz zu kommen, bevor sie tatsächlich existierten. Die Substanz steht in Relation zu ihren Akzidenzien wie Potenzialität zu Aktualität.

Wenn man die Lehre von Substanz und Akzidens im Lichte dieser Theorie betrachtet, dann verliert sie ihren naiven Anschein. Jede wachsende Eiche, ein lebender Mensch, eine chemische Einheit o-der jedes andere der Millionen individuellen Seienden ist eine in-dividuelle Substanz, die sich in einem Prozess oder Zustand des Werdens befindet, insofern ihre Quantität, Qualität, Tätigkeit und Relation Aktualisierungen von Potenzialitäten der Substanz sind. Leibniz folgt in der Tat dieser thomistischen Lehre, wenn er sagt: „Die Gegenwart ist schwanger mit der Zukunft."

Aber während Leibniz die Ewigkeit und Unveränderlichkeit der Sub-stanz, die er *Monade* nannte, lehrte, gingen Thomas von Aquin und die Scholastiker weiter zum Herzen der Dinge. Nicht nur die Quantität oder Qualität verändert sich, wenn zum Beispiel eine Ei-che wächst oder sein Holz härter wird; es ist nicht nur der Ort, der sich verändert, wenn die Eiche umgesetzt wird, oder seine Tätig-keiten, die sich entwickeln, sondern in all diesen Fällen ist es die Substanz, die Eiche, die sozusagen das Subjekt dieser akzidentellen Veränderungen ist. Die Eiche stirbt und aus diesem allmählichen

Prozess der Dekomposition entstehen verschiedene Arten von aktual existierenden chemischen Teilchen. Oder ein elektrischer Strom wird durch Wasser geleitet und man sieht anstelle des Wassers Wasserstoff und Sauerstoff.

III. *Prima materia und substanzielle Form*. Wenn sich eine Substanz in eine andere verwandelt, hat jede eine völlig verschiedene spezielle Natur. Eine Eiche verändert sich nie in eine andere Eiche und keine Partikel Wasser in eine andere Wasserpartikel. Aber aus einer strebenden Eiche oder einer zerlegten Partikel Wasser werden neue chemische Körper mit völlig anderen Tätigkeiten, Quantitäten, Beziehungen und so weiter geboren. Substanzen unterscheiden sich nicht nur im Grad, sondern auch in der Art.

Lassen Sie uns etwas genauer auf das Phänomen der grundlegenden Veränderungen von einer Substanz in eine andere oder in verschiedene andere Substanzen blicken, wie im Fall des Wassers und des Wasserstoffs und Sauerstoffs, die aus ihm folgen. Wäre Thomas gebeten worden dieses Phänomen zu interpretieren, hätte er gesagt, dass jede Substanz, die auf diese Weise ins Sein gelange, letztlich aus zwei konstitutiven Elementen oder substanziellen Teilen bestehe. Auf der einen Seite muss es etwas Gemeinsames im alten und neuen Zustand des Seienden geben – im Wasser und im Wasserstoff zum Beispiel –, und auf der anderen Seite muss es ein spezifisches Prinzip geben, das jedem zu eigen ist. Ohne ein gemeinsames Element, das in gleicher Weise im Wasser und im Wasserstoff und Sauerstoff gefunden wird, könnte man nicht sagen, dass das Eine sich in das Andere ‚verändert' habe, denn es gäbe keine Umsetzung von irgendeinem Teil des Wassers in eines der resultierenden Elemente, sondern vielmehr eine Vernichtung des Wassers, gefolgt von einem plötzlichen Erscheinen von Wasserstoff und Sauerstoff. Dieses spezifische Prinzip, muss in jedem Stadium des Prozesses als ein eigentümlicher und echter Faktor existieren, wodurch das Wasser als solches sich vom Wasserstoff und vom Sauerstoff als solchen unterscheidet.

Dies führt uns zur Theorie der „primären Materie" und der „substanziellen Form", die häufig missverstanden wurde. In Wirklichkeit bedeutet sie nichts anderes als eine Anwendung der Theorie von Akt und Potenz auf das Problem der Umwandlung von Körpern: vor der Veränderungen waren Wasserstoff und Sauerstoff *potenziell* im Wasser. Die primäre Materie ist das gemeinsame, unbestimmte Element oder Substrat, das in der Lage ist, nach und nach unterschiedliche Bestimmungen anzunehmen. Die substanzielle Form bestimmt und spezifiziert dieses potenzielle Element und konstituiert das einzelne Ding in seiner Individualität und der besonderen Art seiner Existenz. Es ermöglicht dem Ding es selbst und nichts anderes zu sein. Jeder einzelne Mensch, jeder Löwe, jede Eiche oder jede chemische Einheit besitzen ihre Form, d.h. ihr Prinzip einer spezifischen und eigenen Wirklichkeit. Und dieses Prinzip oder diese Form jedes Dinges ist nicht reduzierbar auf etwas, das einem anderen eigen ist. Die Form einer Eiche ist völlig verschieden von der eines Menschen, von der von Wasser usw.

IV. *Die Rolle von Materie und Form. Ihre Beziehung.* Jedes Ding, das den Zustand der *Unbestimmtheit* eines Seienden betrifft, folgt aus der Erstmaterie. Dies betrifft besonders die quantitative Ausdehnung, denn verstreute quantitative Teile zu besitzen bedeutet unbestimmt zu sein.

Auf der anderen Seite befindet sich jedes Ding, das zur *Bestimmung* eines Seienden beiträgt – zu seiner Einheit, seiner Existenz, seiner Tätigkeit –, in einer engen Abhängigkeit von dem formalen Prinzip. Deshalb vereinigt die Form die verstreuten Teile, sie versorgt die Substanz mit der wirklichen Existenz und ist die grundlegende Wurzel aller besonderen Tätigkeiten.

Aus dem Gesagten folgt, dass Materie und Form nicht unabhängig voneinander im rein körperlichen Seienden gefunden werden können. Sie durchdringen einander wie die Rundheit und das runde Ding. Thomas von Aquin sagt, dass es ein Selbstwiderspruch sei, von einer Erstmaterie zu sprechen, die ohne Form existiere, denn solch eine Aussage verbindet Existenz – die eine Bestimmung ist – mit dem Begriff der Erstmaterie –, die Unbestimmtheit bedeutet.[2]

[2] Es ist wichtig zu betonen, dass Erstmaterie (*prima materia*) völlig verschieden ist von *Materie*, wie sie in den modernen Wissenschaften verstanden wird. Materie, wie sie gegenwärtig verstanden wird, bezeichnet die Substanz einer

Wir kommen nun zurück zum Begriff der substanziellen Form, von dem wir ausgegangen sind (VIII, 1). Ein körperliches Seiendes besteht aus zwei substanziellen Teilen – Materie und Form –, von denen keines vollständig ist. Nur das Seiende, das aus der Einheit der beiden resultiert, ist vollständig oder eine individuelle Substanz, zu der die echte Vollkommenheit der Selbständigkeit und der Unmittelbarkeit gegenüber anderem gehört.

V. *Evolution oder Abfolge der Formen.* Das materielle Universum zeigt uns eine harmonische Evolution. Die Realität baut sich Stück für Stück auf: von einer besonderen Natur zu einer anderen, sowie nach einer bestimmten Ordnung. Die Natur verwandelt Wasser in Wasser-stoff und Sauerstoff, aber sie verändert keinen Kieselstein in einen Löwen und auch ‚kann niemand eine Säge aus Wolle machen'. Die Dinge entwickeln sich nach bestimmten Affinitäten und in einer bestimmten Ordnung, deren Untersuchung die Arbeit besonderer Wissenschaften ist und geduldige Beobachtung erfordert. Wenn es irgendwelche Sprünge in der Natur gibt, sind diese nie launisch. Jede materielle Substanz enthält auf jeder Stufe und in jedem Augenblick bereits den Keim dessen, was sie in Zukunft sein wird. Dies ist mit der scholastischen Formel gemeint, die feststellt: ‚Die Erstmaterie enthält das potenziell oder als Versprechen, was die Reihe der Formen, die im Verlauf ihrer Evolution in sie investiert werden'. Die *prima materia* ist verbunden mit jeder substanziellen Form wie Potenzialität und Aktualität. Deshalb bedeutet es eine Missverständnisses des scholastischen Systems, wenn man, wie es einige tun, die Frage stellt, wo die Formen waren, bevor sie erschienen, bzw. wo sie nach ihrem Verschwinden sind.

Fassen wir zusammen: Zwei Arten von Veränderungen reichen aus, die materielle Welt zu erklären. Wir haben zuerst die Entwicklung einer Substanz, die bereits konstituiert ist. Deshalb unterliegt eine Eiche der Entwicklung oder Veränderung in ihren Tätigkeiten, ihrer Qualität, Quantität und Relation, aber sie bleibt dieselbe Substanz: die Veränderung, der sie unterliegt, wird akzidentell ge-

bestimmten Art (‚Materie' und ‚substanzielle Form' der Scholastiker umfassend), zusammen mit der Ausdehnung im Raum, die ein ‚Akzidens' ist.

nannt. An zweiter Stelle haben wir die Veränderung einer Substanz in eine andere oder in verschiedene andere, so wie die Veränderung der Eiche in eine Ansammlung chemischer Körper: diese Veränderung wird substanziell genannt.

Deshalb wird die Evolution des Kosmos erklärt als eine Kombination aus Beständigkeit und Bewegung. Seiendes entwickelt sich, aber nicht alles ist neu: einiges aus der Vergangenheit bleibt gegenwärtig und wird umgekehrt in die Konstitution der Zukunft mit eingehen. Die scholastische Theorie des Prozesses der Veränderung ist ein modifizierter, ein Mittelweg zwischen absoluter Evolution des Heraklit und der Theorie der Beständigkeit der Wesenheiten, die Platon so sehr angezogen hat.

VI. *Das Prinzip der Individuation*

Die Materie-Form-Theorie erklärt auch eine weitere scholastische Lehre, die des Individuationsprinzips. Das zu lösende Problem ist das folgende: Wie ist es möglich, dass es so viele verschiedene Individuen gibt, die dieselbe substanzielle Vollkommenheit besitzen oder ‚derselben Art angehören', wie wir sagen? Es gibt Abermillionen Eichen und nicht nur eine, die der einen *forma querci* entsprechen, der einen ‚Eichenform'? Warum sollte es Millionen von Menschen geben anstatt nur einen einzigen? Wenn alles im Universum in dieser Weise einzig-artig wäre, würde es immer noch eine Skala der Vollkommenheit bieten, doch es gäbe nicht zwei materielle Dinge derselben Art. Ein Ding würde sich vom anderen genau unterscheiden, wie sich die Zahl drei von der Zahl vier unterscheidet.

Die Leibniz'schen Monaden präsentieren eine Konzeption der Welt, die diesem Bild mehr oder weniger entspricht. Doch die thomistische Lösung ist tiefgründiger. Sie lässt sich in dieser These zusammenfassen: *Ausdehnung – die sich auf die* prima materia *bezieht - ist das Prinzip der Individuation.*

Mein Körper hat eine begrenzte Ausdehnung und in der Folge gibt es Raum für Ihren Körper und für Millionen anderer Körper neben unseren. Eine Eiche hat eine begrenzte Ausdehnung im Raum und es gibt Raum für andere. Mit anderen Worten, ohne Ausdehnung oder ausgedehnte Materie gäbe es nichts, das die Möglichkeit einer Vielfalt von Individuen derselben Art leisten könnte. Denn wenn wir nur die Form betrachten, dann gibt es keinen Grund, warum es eine Vervielfältigung einer bestimmten Form geben sollte oder warum eine Form sich selbst begrenzen sollte anstatt sich zu bewahren und in sich selbst alles zu realisieren, wozu sie fähig ist. *Forma irrecepta est illimitata.* „Eine Form, die nicht von irgendetwas empfangen wird, d.h. eine isolierte Form, ist nicht begrenzt oder eingeschränkt." Doch die Sache ist unterschiedlich, wenn das Prinzip der Bestimmung ein solches ist, das eine ausdehnte Existenz annehmen muss.

Es gibt eine wichtige Konsequenz, die direkt aus dieser Lehre folgt. *Wenn es Seiende gibt*, die nicht körperlich existieren und deren Wirklichkeitsprinzip nichts mit Ausdehnung und der *prima materia* zu tun hat (reine Formen, reine Intelligenz zum Beispiel), dann ist keine Reduplikation oder Vervielfältigung in diesem Reich des Seienden möglich. Jedes Individuum wäre dann von jedem anderen verschieden wie die Form der Eiche verschieden ist von der Form der Buche oder der Form von Wasserstoff.

Dieser letzte Punkt erklärt, warum das Problem der Individuation verschieden ist von dem der Individualität. Jedes existierende Seiende ist eine Individualität und deshalb ist eine reine Intelligenz, sofern eine solche existiert, also Gott, eine Individualität. Aber Individuation meint eine bestimmte, begrenzte Art der Individualität, d.h. eine Reduplikation oder Vervielfältigung identischer Formen in einer Gruppe; deshalb der Begriff spezielle Form, Spezies.

VII. *Kausalität*

Die Kausaltheorie ist eine Ergänzung zur Theorie von Aktualität und Potenzialität, denn sie erklärt, wie die Aktualisierung einer Potenz in jedem beliebigen Seienden geschieht. Die Kausalität ist vierfältig, denn es gibt vier Wege in Bezug auf die Faktoren, die die Evolution einer individuellen Substanz erklären.

(*a*) Der erste und offensichtlichste Faktor ist die Wirkkausalität. Es ist die Tätigkeit, durch die ein Seiendes A, das in der Lage ist, A* zu werden, wirklich A* wird. Diese Tätigkeit kommt von außen. Kein Seiendes, das sich verändert, kann sich selbst, ohne äußeren Einfluss, diese Ergänzung der Realität geben, durch welche es von einem Zustand zu einem anderen übergeht. *Quidquid movetur ab alio movetur*: alles, was sich verändert, wird durch etwas anderes als es selbst verändert. Denn wenn ein Ding seinen eigenen Zustand verändern könnte (ob substanziell oder akzidentell), ohne Hilfe, würde es etwas besitzen bevor es dies erhält; es würde bereits sein, was es noch nicht ist, was widersprüchlich und unmöglich ist. Wasser ist in der Lage sich in Sauerstoff und Wasserstoff zu verändern, doch ohne den Eingriff einer elektrischen Ladung oder von etwas Ähnlichem würde es niemals durch sich selbst diese neuen Bestimmungen annehmen. Das Ding, das sich verändert, ist natürlich ein Seiendes, das nicht notwendig in diesem Zustand der Veränderung existiert. Daher ist das Prinzip: ‚Alles, was sich verändert, wird durch etwas anderes verändert' eine Anwendung des allgemeineren Prinzips: ‚Die Existenz eines nicht notwendigen Seienden erfordert eine Wirkursache' (IV, 2).

Jedoch unterliegt diese tätige Ursache selbst einem Prozess des Werdens. Die elektrische Energie könnte sich nicht manifestieren, außer sie ist ihrerseits affiziert von der Tätigkeit einer anderen Wirkursache. Der ganze Prozess ähnelt dem, was geschieht, wenn ein Stein in ruhendes Wasser geworfen wird: Die Wellen breiten sich vom Zentrum her aus, wobei jede Welle die nachfolgende hervorbringt. Außerdem gibt es noch eine zusätzliche Komplikation, denn auf jede Tätigkeit eines Seienden A auf ein anderes Seiendes B hin folgt die Reaktion des Seienden B auf A. Die Natur ist ein unentwirrbares Gewebe von Wirkursachen, Entwicklungen und Übergängen von Potenzialität zu Aktualität. Das Newton'sche Gesetz der Gravitation, das Gesetz des Gleichgewichts der Kräfte, das Prinzip der Umwandlung von Energie sind alles verschiedene Formeln, die in präzisen Begriffen den Einfluss eines Seienden auf ein anderes darlegen. Aktion und Reaktion bilden eine enge Verbindung zwischen Substanzen, die unabhängig sind in ihrer Individualität.

(*b*) und (*c*). Zusätzlich zur Wirkursache sprechen die Scholastiker Materie und Form eine kausale Rolle zu, und zwar insofern, als beide im Verhältnis zueinander das Seiende konstituieren und erklären, das aus dieser Kombination hervorgeht. Ein Sauerstoffteilchen hat als konstituierende Ursachen ein unbestimmtes Element (*materia prima*) und ein spezifizierendes Element (substanzielle Form), so wie umgekehrt die Eichensubstanz oder der Marmor (sekundäre Materie) zusammen mit der zylindrischen Gestalt (akzidentelle Form) konstituierende Ursachen einer bestimmten Eiche als ganzer oder einer besonderen Statue sind.

(*d*) Zuletzt haben wir die Finalursache. Die Tätigkeiten, die aus jedem individuellen Seienden erfließen, entwickeln sich nicht einfach zufällig. Wasser verhält sich nicht indifferent dazu, ob es mit 90° oder 100° C kocht: wenn dies so wäre, dann könnten wir alle möglichen Arten kapriziöser Sprünge in der Natur erwarten. Weil dieselben Tätigkeiten und Transformationen kontinuierlich wiederkehren, schließen wir daraus, dass in jedem Seienden eine Neigung besteht einem gewissen Pfad oder gewissen Gesetzen zu folgen. *Deus imprimit toti naturae principia propriorum actuum*. Gott hat jeder Natur die Prinzipien der ihr eigentümlichen Tätigkeit eingeprägt.[3] Diese Neigung, die in der substanziellen Form wurzelt und dazu neigt, entsprechende Tätigkeiten hervorzubringen, konstituiert die innere Finalität jedes Seienden. Sie ist immer gegenwärtig, auch wenn ein Hindernis sie davon abhält dies Finalität vollständig auszuüben. *Natura non deficit in necessariis*. Die Natur scheitert nicht in notwendigen Dingen.

Ungeachtet der Unordnung, die an der Oberfläche der physikalischen Welt erscheint, und ungeachtet des moralisch Bösen, die beide aus der Kontingenz und Unvollkommenheit der Welt resultieren, führt die innere Finalität, die jedem Seienden im Universum eigentümlich ist, zu einer anderen Finalität, welche äußerlich ist. Die Bahnen der Sterne, die Wiederkehr der Jahreszeiten, die Harmonie der terrestrischen Phänomene, der Gang der Zivilisation: dies alles sind Hinweise einer kosmischen Ordnung, die nicht die Arbeit irgendeines einzigen Seienden ist, auch nicht eines Menschen, sondern die für den Geist der Scholastiker die Existenz eines obersten Herrn von allem, der mit Weisheit ausgestattet ist, beweisen. Dante empfing seine Inspiration von der Scholastik, als er sei-

[3] Summa Theol., $I^{a}II^{ae}$, q. 93, art. 5.

ne *Göttliche Komödie* mit dem Gesang von der universalen Anziehung der Welt in Richtung auf ein Ziel, das allein Gott sein kann, beschloss.[4]

Diese zwiefältige Lehre von der internen und externen Finalität liefert uns eine streng teleologische Interpretation des Universums.

Die hierarchische Ordnung, die zwischen den vier Ursachen besteht, resultiert aus ihrer Natur. Die Finalität zieht ein Seiendes an (bewusst oder nicht) seine Tätigkeit auszuüben. Die Wirkursache neigt zu diesem Ziel und das Ergebnis der Tätigkeit ist eine neue Einheit von Materie und Form. Wenn ein Künstler es unternimmt eine Statue zu meißeln, ist es sein Zweck, der den Entwurf lenkt, die Wahl des Materials und des Meißels. Die erste Intention des Künstlers ist das, was zuletzt verwirklicht wird. Mit dem Ziel der Natur ist es nicht anders: In der Ordnung der Intention kommt die Finalursache zuerst, aber in der Ordnung der Ausführung ist sie das Letzte.

VIII. *Wesenheit und Existenz.* Wir haben die Analyse der Wirklichkeit noch nicht erschöpft. Jedes Individuum wurde unterschieden in Sub-stanz und Akzidens und in jeder materiellen Substanz haben wir Materie und Form gefunden. Auf allen diesen Stufen haben wir die Wesenheit studiert, ‚was ein Ding ist'. Die Wesenheit hat aber *Existenz* und die Existenz stellt uns einem völlig neuen Aspekt der Wirklichkeit gegenüber. Existenz ist die oberste Bestimmung jedes Seienden (*actus primus*). Ohne Existenz wären die verschiedenen essentiellen Elemente, über die wir nachgedacht haben, lediglich möglich; sie würden dem legendären Pferd des Roland ähneln, das alle Vollkommenheiten besitzt, aber nicht existiert.

Außerdem existieren die mannigfaltigen essentiellen Elemente (Materie, Form, Akzidenzien) nicht getrennt voneinander. Sie existieren, sagt Thomas, durch *eine* Existenz allein. Es ist eine konkrete Eiche, die existiert, ein konkreter Löwe, ein wirklicher Mensch wie Pasteur oder Edison.

[4] L'Amor che muove il sol e l'altre stelle.

Die Theorie von Wesenheit und Existenz vervollständigt die Analyse der Wirklichkeit. Wir werden darauf in einem anderen Kapitel zurückkommen (XI, 2). Wir müssen zunächst den Ort des Menschen in der Welt, den wir studieren wollen, aufzeigen, und den Körper der Lehren erläutern, die teilweise als metaphysische Seite der scholastischen Psychologie bekannt sind.

Schema der metaphysischen Lehren,
die in den Kapiteln VIII, IX und XI,2 erklärt werden:

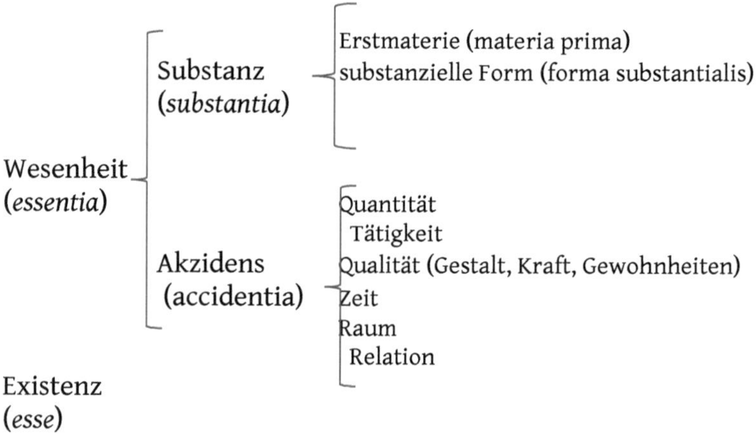

Die Beziehung zwischen Akt und Potenzialität findet sich: (a) zwischen Akzidens und Substanz, (b) zwischen Form und Materie, (c) zwischen Existenz und Wesenheit.

Kapitel X

Körper und Seele

I. *Das substanzielle Ego.* Der Gegenstand der scholastischen Psychologie ist nicht bloß das Bewusstsein oder irgendeine einzelne menschliche Funktion, sondern der ganze Mensch, das *Ego* mit seinen mannigfaltigen Tätigkeiten, von denen es die Quelle ist. Auch die organischen Vollzüge wie Ernährung und Fortbewegung wurden in der Psychologie behandelt. Alle diese Funktionen gehen aus einer einzigen Quelle hervor: dem menschlichen Ego. Es ist dasselbe Ego, das isst, verdaut, sich bewegt, erkennt, will oder leidet. Dies ist so wahr, dass die intensive Ausübung einer Funktion die anderen an ihrer Ausübung hindern kann. Wenn ich deshalb mein Abendessen verdaue, finde ich die Arbeit des Denkens schwieriger.

Das Ego ist eine Substanz oder, in anderen Worten, eine Wirklichkeit, die in der Lage ist, selbständig zu existieren in dem Sinne, dass sie nicht *in einem anderen* existiert (VIII, 2). Außerdem ist das Ego ein Individuum oder eine vollständige Substanz. Es ist nur der individuelle Mensch als Ganzes, was existiert. Einem solchen Individuum geben wir den Namen ‚Person', um die Tatsache zum Ausdruck zu bringen, dass in der menschlichen Gattung das individuelle Subjekt mit Vernunft begabt ist. Die Definition des Boethius ist bis heute gültig: *persona est rationes naturae individua substantia*, Person ist eine individuelle Substanz von rationaler Natur. Die wahre und einzigartige menschliche Wirklichkeit ist deshalb *diese* einzelne menschliche Substanz, dieses individuelle menschliche Seiende, das üblicherweise *diese* Person ist. Wenn man von ‚kollektiver Personalität' oder von einer Personalität spricht, die andere Personen als Teile einschließt, dann bedeutet dies einen Begriff aus entgegengesetzten, widersprüchlichen Begriffen zu weben. Tatsächlich wären die Mitglieder einer solchen kollektiven Personalität nicht selbst Personen, denn eine Person muss von allen anderen Seienden unabhängig sein. Zudem protestiert das Bewusstsein natürlicherweise gegen die Durchdingung meines Ego mit einem anderen. Wir müssen nicht hinzufügen, dass eine solche Durchdringung die Zerstörung der Freiheit des Individuums bedeuten würde. Wir sehen bereits, warum die scholastische Moral- und Sozialphilosophie den Wert der individuellen Personalität hervorhebt, deren psychologische Grundlagen hier festgelegt wurden.

Wie beweist Thomas von Aquin die substanzielle und individuelle Natur des Ego? Er tut dies, indem er, vom Bewusstsein ausgehend, argumentiert, dass dieses für seine Existenz und *Dauerhaftigkeit* zeugt. Das Bewusstsein erfasst direkt mein substanzielles Ego in und durch meine Tätigkeit. Im Denken, im Entscheiden, im Gehen erlange ich meine eigene existierende Substanz. Es ist aber wichtig zu betonen, dass das Bewusstsein nur die *Existenz* des Ego offenbart und uns nichts über seine innerste *Natur* lehrt. Es sagt uns, dass das Ego existiert, aber nicht, worin es besteht. Der beste Beweis dafür ist die Uneinigkeit unter den Denkern hinsichtlich der Natur des Ego, der Seele oder des Menschen im Allgemeinen.

Die Dauerhaftigkeit des Ego, die durch die Erinnerung bezeugt wird, liefert eine weitere Demonstration dessen, dass es wirklich eine echte und individuelle Substanz ist. In diesem gegenwärtigen Moment realisiere ich, dass ich dieselbe Person bin, die ich vor fünf Jahren war, ungeachtet der vielen Veränderungen und Tätigkeiten seither. Diese Dauerhaftigkeit ist ein Zeichen der Tatsache, dass ich in mir selbst existiere, in meinem eigenen Recht sozusagen.

II. *Pluralität der Vermögen.* Um die Einheit des Ego einerseits mit den verschiedenen Eigenschaften seiner Funktionen andererseits zu harmonisieren, spricht die Scholastik solchen Tätigkeiten, *die nicht gegenseitig identifiziert werden können,* wie Ernährung, Bewegung, Sinneserkenntnis, Erkenntnis durch Abstraktion, Wille, unmittelbaren Quellen zu, die als ‚Vermögen' bekannt sind (VIII, 3). Thomas behauptet, dass diese Vermögen vom Ego real verschieden seien.

Zweifellos hat uns die vorhergehende Analyse gezeigt, dass es der Mensch ist, der handelt, doch er handelt durch seine Vermögen, die tief verwurzelt sind in dem, was wir als die Substanz des Menschen bezeichnen können, die aber gleichzeitig davon verschieden sind. Außerdem lehrt Thomas, dass die menschlichen Vermögen der Handlung nicht nur verschieden sind von seiner Substanz, sondern dass sie auch real voneinander verschieden sind; z.B. ist der Verstand vom Willen verschieden. Thomas gründet diese Lehre auf der Tatsache, dass die Vermögen sich gegenseitig beeinflussen und dass ein und dasselbe Ding nicht zugleich das Subjekt und Objekt der Handlung sein kann.

Dies zeigt uns bereits, dass die ganze Lehre nicht das Ergebnis einer Intuition ist, sondern eines Argumentationsprozesses. Die Klassifikation der ersten Prinzipien der menschlichen Tätigkeiten reduziert sich zu einem Katalog solcher Tätigkeiten des Ego, die nicht miteinander identifiziert werden können. Es ist keine psychologische, sondern eine metaphysische Erklärung. Das Bewusstsein sagt uns nichts über die Vermögen oder *Energien* des Ego, abgesehen von ihrer Ausübung. Abgesehen vom Denken bleibt der Geist für sich selbst für immer ein Geheimnis. „Der menschliche Verstand hat in sich selbst die Kraft des Verstehens, aber nicht verstanden zu werden, außer insofern er im Zustand der Tätigkeit ist".[1] Es gibt keine Mittel, um in den Geist in-sich-selbst zu kommen, ebenso wenig um vorherzusagen, wie Fichte es tat, welches Objekt er erreichen kann. Auch sagt uns die Theorie der Vermögen nichts hinsichtlich der genauen Natur der Tätigkeit. Zum Beispiel fügt das Wissen, dass Sehen ein Vermögen ist, nichts zum Verständnis der Tätigkeiten des Sehens bei, aber es wirft Licht auf die innere Konstitution des tätigen Subjekts. Aus den besonderen Unterschieden der menschlichen Handlungen wird evident, dass es vielfältige Prinzipien der Handlung in einem Subjekt geben muss. Kritiker dieser Theorie sollten sich der elementaren Prinzipien bewusst sein, dass wir von der Theorie der Vermögen nicht erwarten können, was sie nicht zu geben verspricht.

[1] Summa Theol., I, q. 87, art. 1

Derselbe Argumentationsprozess, der uns über die Existenz der Vermögen informiert, unterrichtet uns auch, dass das Ego zusammengesetzt ist aus Seele und Körper.

III. *Körper und Seele.* Das substanzielle Ego oder das menschliche Individuum ist nicht ein einfaches Seiendes, sondern zusammengesetzt aus Körper und Seele. Dies führt uns zur aktuellen Definition des Menschen als eines ‚rationalen Sinneswesens' (Definition durch logische Teile) oder eines ‚aus Körper und Seele zusammengesetzten (Definition durch reale Teile). Wie die anderen lebendigen Substanzen – Pflanzen oder Tiere, Einzeller oder höhere Organismen – wird der Mensch aufgefasst als eine Zusammensetzung, die aus einem Körper, der die Rolle der ‚Materie' spielt, und einer Seele, die als ‚substanzielle Form' tätig ist, besteht. Wenn wir uns an das erinnern, was wir im vorhergehenden Kapitel über Materie und Form gesagt haben, können wir die Rolle der Seele und des Körpers des Menschen verstehen.

Weil der Mensch erstens wirklich ein einzelnes Ganzes ist, ist er nicht aus zwei unabhängigen Substanzen zusammengesetzt, wie Platon und Augustinus annahmen, sondern eine Substanz. Es ist richtig, dass der ausgedehnte Körper und die Seele *Teile* des Menschen sind und Teile einer *substanziellen* Art, weil weder die Seele noch der Körper in etwas anderem existieren; aber weder der Körper noch die Seele sind alleine vollständig oder ein Individuum. Die Seele durchdringt den Körper im Wesen seines Seins; sie geben sich selbst zueinander und bilden dadurch eine Einheit.

Dies führt uns zu einer zweiten Lehre, die eine Anwendung der oben erklärten Theorie ist. Weil die menschliche Seele die Rolle der substanziellen Form spielt, verleiht sie dem ganzen individuellen Menschen diesen besonderen Charakter (IX, 4). Wegen dieser Seele, die höher steht in der Ordnung der Vollkommenheit als die Lebensprinzipien der Tiere und Pflanzen, schließen die Funktionen des Menschen die spezifisch menschlichen Kräfte der Erkenntnis und des Willens ein. Ähnlich sind die Funktionen der Tiere weiter als die der Pflanzen, wegen der spezifischen Differenz ihrer Vitalprinzipien; so unterscheidet das Lebensprinzip des Löwen sich von dem eines Rosenstrauchs. Und im Allgemeinen sind alle lebenden

Geschöpfe verschieden von den anorganischen Körpern und diesen übergeordnet, etwa einem Molekül Wasser oder einem Magneten, weil sie eine Form besitzen, die überlegen ist im Vergleich zu jeder Form, die man in der anorganischen Welt finden kann. Die menschliche Seele organisiert den Körper von innen und macht ihn zu ihrem eigenen Körper, indem sie ihn ständig beeinflusst und durchdringt, und wenn der Tod mit dieser Einheit ein Ende macht, hört er auf menschlich zu sein und wird irgendetwas anderes.

Wegen dieser organisierenden Rolle hält Thomas von Aquin an der Einheit der menschlichen Seele fest und dies ist die dritte Lehre, die wir herausstellen möchten. Die Frage der Einheit und Pluralität der menschlichen Seele war Gegenstand von heißen Diskussionen. Wenn das Individuum ein Seiendes ist, kann es nur in sich ein organisierendes Prinzip besitzen, das diese Einheit verleiht, obwohl dieses eine Prinzip, wenn es einen höheren Platz in der Stufenleiter des Seienden besitzt, wie die menschliche Seele, viele Arten von Tätigkeiten besitzen kann, die man getrennt in niedrigeren Seienden findet. Die einzelne menschliche Seele umfasst die vegetativen Kräfte der Ernährung und Reproduktion, die tierischen Kräfte der Sinneswahrnehmung und des sinnlichen Strebens und zusätzlich die Kräfte der Vernunft. Hier wie überall sonst ist die psychologische These von der Einheit der Seele einfach die besondere Anwendung der allgemeineren metaphysischen Lehre der Formen. Es gibt eine durchgehende lehrmäßige Solidarität und der Mensch nimmt seinen Ort in der weiten Harmonie des Universums ein.

Schließlich – und dies ist die vierte Anwendung derselben allgemeinen Lehre – ist der menschliche Körper, der die Rolle der Materie spielt, der Grund der Vielzahl individueller Menschen innerhalb der menschlichen Rasse. Es ist wirklich der menschliche Körper als das Produkt der Zeugung, der das Prinzip der Individuation ist. Der genaue Grund, warum ein Mensch diese bestimmte Seele hat, mit ihren mehr oder weniger vollkommenen Potenzialitäten, liegt darin, dass er diesen bestimmten Körper hat. Die Seele besitzt einen bestimmten Körper, der zu ihr passt. Es ist wahr, dass die Zeugung eines Kindes nichts anderes ist als das Werden einer neuen Substanz, dass seine Entwicklung verschiedene Stufen umfasst, die sehr verschiedener Art sind, von denen jede vollkommener ist als die vorhergehende, und dass die unsterbliche Seele von Gott geschaffen ist und mit dem Embryo nur dann vereinigt wird, wenn die Dispositionen des neuen Organismus ausreichend vollkommen sind, um die Einheit mit einer *menschlichen* Seele zu erlangen. Aber obwohl die geistige und unsterbliche Seele nicht das Produkt der Zeugung ist, übernehmen die Eltern nichtsdestotrotz, indem sie den Körper ihres Kindes hervor-bringen, die Verantwortung für die Bestimmung der Potenzialitäten des ganzen Seienden. Die Seele kann mit Wein verglichen werden, dessen Quantität verschieden ist je nach der Größe des Bechers.

IV. *Organischer Charakter menschlicher Handlungen.* Weil der Körper überall durchdrungen ist von der Seele, weil das Fleisch, die Muskeln und Nerven ihre Qualifikation als menschlich von der Seele ableiten, können wir leicht verstehen, dass nicht nur unser organisches Leben, sondern auch unser psychisches Leben eng mit dem Organismus verbunden ist. Empfindungen und sinnliches Begehren, das Menschen gemeinsam mit anderen Sinneswesen besitzen, haben ihren Sitz im Organismus und sind daher ausgedehnt und teilbar. Im Falle abstrakter und universaler Begriffe, wissenschaftlicher Aussagen und Argumentationen, des Wollens des Guten im Allgemeinen und der freien Wahl eines einzelnen Guten ist die Seele noch vom Organismus gehalten, weil eine Krankheit der Nerven ausreicht, um die Ausübung des Verstandes zu beeinträchtigen und unsere Freiheit zu vermindern oder zu zerstören. Doch es gibt einen bedeutenden Unterschied, der hier betont werden muss. Die normalen Bedingungen des Körpers sind nur *externe Bedingungen:* er ist im Wesentlichen nicht verantwortlich für die Existenz des Denkens oder Wollens. Der Körper sondert kein Denken und Wollen ab. Denken und Wollen sind allem Materiellen übergeordnet.

Warum? Weil der menschliche Begriff das königliche Vorrecht der Ausbreitung seiner Herrschaft über die ganze Welt hat, indem er sie durch Abstraktion all dessen beraubt, was sie nur körperlich, vielfältig und gebunden an Raum und Zeit macht. Er transzendiert das Körperliche. Die tiefgründigsten Begriffe wie die des Seins, der Kraft oder der Substanz haben einen repräsentationalen Inhalt, der so weit vom Körperlichen oder Sinnlichen entfernt ist, dass es keinen Widerspruch darstellt, sie auf eine Wirklichkeit auszudehnen, die nichtkörperlich und übersinnlich ist, die so weit vom Sinnlichen entfernt sind, dass es keinen Widerspruch darstellt, sie auf eine Wirklichkeit auszudehnen, die nichtkörperlich und übersinnlich ist, sofern sich bewiesen lässt, dass so etwas existiert.

V. *Geistigkeit, Einfachheit, Unsterblichkeit*. Wir haben gesehen, dass abstrakte Erkenntnis einen Inhalt hat, der eine vom Materiellen unabhängige Existenz besitzt. Daraus folgt, dass auch die Seele, deren Tätigkeit die abstrakte Erkenntnis ist, denselben Charakter der Unabhängigkeit teilt. Das Lebensprinzip des Menschen – die Seele – transzendiert die Materie: sie ist immateriell oder geistig. Wäre dies nicht so, dann würde die Wirkung (das Denken) die Kraft der Ursache übersteigen, das Geringere würde das Größere hervorbringen und dies würde zur Identität der Widersprüche führen. Geistig zu sein besteht nur darin, tätig sein zu können und zu existieren, ohne intrinsisch von etwas Körperlichem oder einem körperlichen Element abhängig zu sein. Es ist richtig, dass unsere rationale Seele indirekt vom Organismus abhängt, insofern als die Seele von den Sinneswahrnehmungen das Material zur abstrakten Erkenntnis empfängt, und deshalb neigt die menschliche Seele natürlicherweise dazu, mit dem Körper vereinigt zu sein. Doch diese Abhängigkeit betrifft nicht die Wesenheit oder Natur der Seele, die von einer überragenden Art ist. Während das Lebensprinzip der Pflanzen und Tiere gewissermaßen in die Materie *versenkt* ist (*immersa*), kann die menschliche Seele ohne Körper bestehen, obwohl der Körper nicht ohne Seele sein kann.

Da sie geistig ist, hat die Seele keine quantitativen oder materiellen Teile in sich. Außerdem kennt das Selbstbewusstsein keine innere Zusammensetzung, weil es ein Prozess ist, durch den unsere Seele ihr ganzes Selbst auf sich selbst legt (*reditio completa*). Wenn man ein körperliches Ding faltet, z.B. ein Blatt Papier, verdeckt nur ein Teil einen anderen Teil, aber das ganze Blatt kann nicht vollständig auf sich selbst gefaltet werden. Wäre deshalb die Seele aus quantitativen Teilen zusammengesetzt, dann wäre das Bewusstsein teilweise, aber nicht vollständig auf sich selbst gelegt. Einfachheit bedeutet Abwesenheit von Zusammensetzung. Das Bewusstsein ist natürlich eine Vollkommenheit, weil in jedem zusammengesetzten Seienden die Teile Grenzen des Ganzen sind, aber wir begreifen es auf die Weise der Negation, weil wir, wie wir zuvor gesehen haben (III, 2), keine echte Erkenntnis von Wirklichkeiten haben, die außerhalb des Reiches der Sinneswahrnehmung liegen.

Einfachheit schließt den Begriff der Auflösung aus; die Seele unterliegt nicht dem Tod.[2] Nur Gott könnte sie vernichten. So wie es keinen Widerspruch darstellt, dass die Seele natürlicherweise in der Lage ist, den Tod zu überleben, und sie auf der anderen Seite dazu bestimmt ist, den Körper zu informieren oder zu bestimmen und in den Sinnen die Kanäle ihrer Erkenntnis zu finden, so beinhaltet es auch keinen Widerspruch, wenn eine neue Einheit nach dem Tod mit einem Körper entsteht, der dann ihr eigener ist. Zudem wurde der Zwischenzustand der körperlosen Seele als provisorisch und unvollständig betrachtet.

Auf dieser Weise entfaltet sich die Kette der Deduktionen von selbst, wie es die großen Lehren der griechischen Philosophie taten (Geistigkeit, Einfachheit, Unsterblichkeit), die von Thomas von Aquin als wahr und als dem menschlichen Verstand durch seine eigenen Kräfte zugänglich anerkannt wurden. Die Argumente von Platons *Phaidon* wurden vervollständigt durch die Argumentation in Aristoteles' *De Anima* und durch Augustinus' *De immortalitate*. Die Scholastiker folgten ohne Ausnahme der Linie der spiritualistischen Philosophen. Der Materialismus, der Empfindung und Denken durcheinanderwirft und menschliche Individualität auf Gedeih und Verderb als ständig sich ändernde chemische Kombination versteht, wie einen Rosenbaum, der verwelkt, oder wie ein geschlachtetes Lamm, hat in der Scholastik einen unversöhnlichen Feind.

Wegen der Spiritualität seiner Seele sitzt der Mensch im Universum an zentraler Position. Er ist ein Geist, aber dazu bestimmt, sein Leben in einem Körper zu entfalten. Er ist die Mitte zwischen rein körperlichen Dingen und den reinen Geistern. Er ist, um einen Vergleich, der dem Mittelalter lieb war, zu gebrauchen, ein Ganzes, in dem alle Vollkommenheiten der Wirklichkeit zusammentreffen und verschmelzen.

[2] Es gibt andere Beweise, die sich für die Unsterblichkeit anführen lassen, so der universale Wunsch nach dem Überleben, der universale Glaube an ein Leben nach dem Tod etc.

Kapitel XI

Gott

I. *Gottesbeweise.* Es wurde zuvor darauf hingewiesen, dass unzählige individuelle Seiende, die das Universum bilden, sich verändern und dass jede dieser Veränderungen durch ein anderes Seiendes geschieht. Es ist die Tätigkeit von B, die A verursacht, A zu werden. Aber die Tätigkeit von B beinhaltet eine Veränderung von B und dies erfordert umgekehrt das Bestehen der Ursache C und so weiter (IX, 7). Doch wir können diesen Prozess nicht unendlich fortsetzen. Denn in diesem Fall wäre die Veränderung ohne zureichende Erklärung und daher eine Illusion, während doch die Existenz und Wirklichkeit der Veränderung eines der evidentesten Dinge in der Natur ist. Das In-Gang-Setzen des Prozesses der Veränderung fordert einen Ausgangspunkt, eine Initialzündung, von dem aus die Bewegung ausgeht. Dieser absolute Anfang ist nur möglich unter der Bedingung, dass ein Seiendes existiert, das über aller Veränderung steht – in dem nichts „werden" kann und das deshalb unveränderlich ist.

Dieses Seiende ist Gott. Nun kann Gott nicht die Reihe von Veränderungen in Bewegung setzen, die durch Aktualität und Potenzialität konstituiert ist, außer durch einen Impuls, der seine eigene Unveränderlichkeit unberührt lässt. Denn wenn dieser Impuls eine auch nur leichte Modifikation im Ersten Seienden beinhalten würde, würde eine solche Modifikation eine Veränderung konstituieren und damit die Intervention eines höheren Seienden erfordern.

Deshalb wäre der Prozess endlos, außer Gott wäre der ‚erste unbewegte Beweger'.[1]

Nehmen wir an, dass sich jemand dafür entscheidet, ein Haus zu bauen, und dafür eine solide Grundlage sucht. Zu diesem Zweck muss er tiefe Fundamente legen, die sein Gebäude stützen. Dafür muss er immer weiter graben, bis er eine Grundlage von absoluter Festigkeit und Sicherheit bekommt. Offensichtlich aber musste er schließlich mit seinen Ausgrabungsarbeiten aufhören, wenn das Gebäude überhaupt begonnen wurde. Wir können oder müssen deshalb schlussfolgern, dass der Bauherr tatsächlich an einem Punkt in der Erde aufhörte, wenn das Gebäude *de facto* vor unseren Augen steht.

Dasselbe ist auf das scholastische Argument, das wir betrachten, anzuwenden. Veränderung existiert als eine Tatsache, so wie die Existenz des in Frage stehenden Hauses eine Tatsache ist. Veränderung starrt uns geradezu an; sie findet sich überall im Universum. Wenn es aber keinen Ausgangspunkt für die Kette der Wirkursachen gäbe, gäbe es keine Veränderung. Wir sind nicht in der Position die Evolution des Universums zu bestreiten: deshalb müssen wir damit rechnen. Einen endlosen Regress in der Kausalreihe für möglich zu halten wäre so, als wenn man sich vorstellte, dass jemand ein Gewicht am Ende eine Kette setzte, dessen anderes Ende schlicht nicht existierte, weil ein Glied an das andere gefügt würde bis in die Unendlichkeit.

Veränderung ist ein sicheres Zeichen der Kontingenz oder Nichtnotwendigkeit und dies führt Thomas zum zweiten Beweis der Existenz Gottes, der eng verbunden ist mit dem vorhergehenden: die Existenz von nichtnotwendigen Seienden erfordert die Existenz eines notwendigen Seienden. Sobald ein nichtnotwendig Seiendes sich als existierend erweist, sollte es bezogen werden auf den Einfluss von etwas, das ihm äußerlich ist, und hier ist ein Rückgang bis ins Unendliche keine Erklärung für die existierende Realität. Man muss bei einem absolut notwendigen Seienden (*necessarium absolutum*) Halt machen, dessen Wesenheit es ist, zu existieren, und das

---

[1] Summa Theol., I[a], q. 2, art. 3. Prima via.

seine eigene Notwendigkeit in sich selbst hat. Ein solches Seiendes ist Gott.[2]

Es ist wichtig zu betonen, dass der Begriff der Kontingenz oder Nichtnotwendigkeit, auf dem das Argument beruht, unabhängig von den Begriffen der Zeit oder der Zahl ist. Das Kausalprinzip beinhaltet nicht den Begriff der Zeit. Denn selbst wenn die Reihe kontingenter Entitäten ohne einen Anfang wäre, könnten diese Entitäten nicht erklärt werden ohne die Existenz eines notwendigen Seienden.

So führt alles dazu: wenn irgendein Ding wirklich ist, muss die Gesamtsumme all der anderen Dinge, ohne die die Wirklichkeit dieser Tatsache nicht erklärbar wäre, nicht weniger real sein. Vom Standpunkt der Metaphysik existiert Gott, weil die Existenz des Universums dies erfordert. Denn die Existenz Gottes ist nicht, wie einige meinen, ein weiteres Mysterium, das eine weitere Erklärung, zusätzlich zur Erklärung des allgemeinen Mysteriums der Welt, fordern würde. Das scholastische Argument für die Existenz Gottes hat genau denselben Wert wie das Widerspruchsprinzip und das Kausalprinzip.

Dies sind die Hauptbeweise, die Thomas von Aquin für die Existenz Gottes vorbringt. Es gibt noch weitere, die alle auf der Interpretation von Tatsachen beruhen. Streng weist er die Argumente zurück, die als ‚ontologische' bekannt sind, obwohl sie besser als ‚logische' beschrieben werden könnten, so wie die von Anselm von Canterbury und Augustinus. Vom Inhalt unserer *Idee* Gottes können wir nicht auf die wirkliche Existenz Gottes schließen. Die Tatsache, dass Existenz in der Idee des vollkommensten Seienden enthalten ist, ist keine Garantie für die wirkliche Existenz eines solchen Seienden. Von der begrifflichen Ordnung zur realen Ordnung überzugehen ist gleichbedeutend mit dem Versuch, ein Bild an einen gemalten Nagel zu hängen.

II. *Gott ist ein unendliches Seiendes oder reine Existenz.* Weil allein die materielle Welt der Erkenntniskraft des Menschen angemessen ist

---

[2] *Ibid.* Tertia via.

und weil der Geist nur funktioniert mit Hilfe des Körpers (III, 2), kann Gott von uns nur auf indirekte Weise erkannt werden. „Die höchste Erkenntnis, die wir von Gott in diesem Leben haben können, besteht darin, dass Er über allem ist, das wir von ihm denken können."[3]

In anderen Worten bedeutet dies, dass wir Gott nur durch die *Analogie* erkennen, in dem wir ihm Vollkommenheiten zusprechen – durch *Negation*, durch den Ausschluss aller Elemente der Unvollkommenheit von diesen Vollkommenheiten – durch *Transzendenz*, indem wir alle Begrenzungen beseitigen, die in anderen Seienden die Vollkommenheit modifizieren. Unsere Erkenntnis Gottes besteht in dem Wissen, dass Er unendlich ist. Aristoteles hörte beim Begriff des unbewegten Bewegers auf. Die Scholastiker fügten den Begriff der Unendlichkeit hinzu. Wir wollen uns bemühen zu zeigen, wie dieser vollständig negative Begriff gleichwohl das Seiende erreicht, das die Fülle der Wirklichkeit ist.

Das unendliche Seiende, sagt Thomas von Aquin, hat in sich selbst keine Potenzialität, keine Begrenzung, es ist *reine Existenz*.[4] Um genau zu verstehen, was dies beinhaltet, wollen wir einen Vergleich an-stellen, obwohl in dieser subtilen Frage jeder Vergleich notwendigerweise inadäquat ist.

„Stellen wir uns eine Reihe von Gefäßen mit unterschiedlichen Fassungsvermögen vor, die mit Wasser gefüllt werden. Darunter befinden sich kleine Gefäße, die einige Liter enthalten, und große Behälter, die als Speicher dienen. Natürlich ist das Volumen an Wasser, das in jedem Gefäß gespeichert werden kann, durch das Fassungsvermögen der Gefäße selbst begrenzt. Wenn einmal ein Gefäß gefüllt ist, kann kein Tropfen zu seinem Inhalt hinzugefügt werden. Wenn auch der ganze Ozean über das Gefäß fließen würde, würde der Inhalt des Gefäßes nicht erhöht.

---

[3] *De Veritate*, q. 2, art. 2.

[4] Wir dürfen nicht reale Unendlichkeit oder Gott, die reine Vollkommenheit bedeutet, mit mathematischer Unendlichkeit verwechseln, bei der es sich um Zahlen und Quantität handelt.

Die *Existenz* eines endlichen Seienden kann nun bezogen werden auf das Wasser in unserem Gleichnis. Denn die Existenz ist auch begrenzt durch das Fassungsvermögen jedes einzelnen empfangenden Seienden. Dieses Fassungsvermögen ist die Gesamtsumme der Potenzialitäten, die von Moment zu Moment aktuale Realitäten werden, indem sie mit Existenz versehen werden. Die Eiche im Wald, die mit den schönsten Qualitäten und mit den vollkommensten Lebenskräften ihrer Art ausgestattet ist; der geniale Mensch, der begnadet ist mit den wertvollsten Geschenken des Geistes und des Körpers: sie besitzen das Maximum der Existenz, das in der Art der Eiche oder in der menschlichen Gattung möglich ist. Aber das Fassungsvermögen für Existenz ist, wie wir uns erinnern, begrenzt und umschrieben durch die Tatsache der zugeteilten Potenzialität oder ‚Wesenheit'. In dieser schönen Konzeption von Thomas von Aquin hat eine kräftige Eiche ein größeres Maß an Existenz als eine verkümmerte. Ein genialer Mensch besitzt die *Existenz* in einem breiteren Sinne als ein geringer Geist – weil der große Mensch und die kräftige Eiche ein größeres Maß von Kräften und Tätigkeiten besitzen und weil diese Kräfte und Tätigkeiten existieren. Aber um es zu wiederholen, auch sie haben eine Grenze ihrer Existenz.

Auf der anderen Seite, um zu unserem Gleichnis zurückzukehren, machen wir uns ein Bild von uns selbst als einer unbestimmten und unbeschreibbaren Existenz, sagen wir des Ozeans, ohne durch Ufer oder sonst wie beschränkt zu sein."[5] Eine solche Existenz ohne qualifizierendes oder modifizierendes Attribut ist Gott. Gott ist Existenz; er ist nichts als die Fülle der Existenz. „Er ist der, der er ist", dessen Wesen die Existenz ist.[6] Alle anderen Seienden empfangen nur einen bestimmten Grad der Existenz - den Grad, der in dem Maße wächst wie ihr Fassungsvermögen. Aber sie empfangen in jedem Fall ihre Existenz von Gott. Endliche Seiende wirken aufeinander, weil, wie wir zuvor gesehen haben, die körperliche Welt ein Netzwerk von Wirkursachen ist; sie bestimmen das Fassungsvermögen der Gefäße und die Gestalt variiert unaufhörlich, aber es ist alleine Gott, der die Existenz entsprechend dem Fassungsvermögen gibt.

---

[5] Civilization and Philosophy in the Middle Ages, pp. 216–217.
[6] Ego sum quis um, Exodus, III.

III. *Die göttlichen Attribute.* Das Studium der göttlichen Attribute läuft auf eine Untersuchung hinaus, die sich um eine Begründung dessen bemüht, was mit „existierendem Seienden ohne Begrenzung“ gemeint ist. Thomas zählt diese Attribute auf und begründet wiederum Gottes Einfachheit, Güte, Unveränderlichkeit, Einheit, Gerechtigkeit etc. Er wird nicht müde Gottes transzendente Individualität, seine Erkenntnis und seiner Herrschaft über das Universum zu betonen. Jede Vermischung der Wesenheit oder Existenz eines endlichen Seienden mit der Existenz oder Wesenheit Gottes würde zu einem Widerspruch führen. Denn eine Ansammlung von endlichen Wesenheiten, wenn diese auch numerisch unbestimmt ist, würde gleichwohl ein endliches Seiendes bilden. Auch kann Gottes Existenz nicht die Existenz aller anderen existierenden Seienden sein, wie Meister Eckhart, ein bekannter Zeitgenosse des Thomas von Aquin, dachte, denn unendliche Existenz ist eine andere Ordnung als endliche Existenz. *Per ipsam puritatem est esse distinctum ab omni esse.* –„Wegen seiner Reinheit ist Gottes Existenz von allem anderen verschieden.“[7] Deshalb weisen die Scholastiker nicht nur die Zusammendrängung des endlichen Seienden in einem einzelnen Ganzen zurück (VIII, 1 und X, 1), sondern auch dessen Zusammendrängung in Gott. Sie bestreiten den Monismus in jeder Form. Die Schöpfung *ex nihilo* durch einen Akt des freien Willens ist die einzige Theorie, die das Erfordernis der Metaphysik der Wirklichkeit, wie sie tatsächlich ist, erfüllt. Zusätzlich zum Endlichen muss es ein Unendliches geben, das nur unter der Bedingung unendlich sein kann, dass es für immer anders bleibt als alles Endliche, während gleichzeitig das Endliche für immer abhängig bleibt vom Unendlichen.

Weil das Kausalitätsprinzip nicht den Begriff der Zeit beinhaltet, ist eine Schöpfung für alle Ewigkeit kein Widerspruch. Über dieses Thema, das im 13 Jahrhundert heftig diskutiert wurde, schreibt Thomas: „Es kann nicht bewiesen werden, dass Menschen oder der Himmel oder Steine nicht immer existieren.“[8]

---

[7] *De ente et essentia*, cap. Vi.

[8] *Summa Theol.*, I[a], q. 46, art. 2 Mundum non semper sola fide tenetur, et demonstrative probari non potest.

Gottes Erkenntnis ist vollkommen und identisch mit seiner Wesenheit. Sie muss sich nicht nur auf sein eigenes Sein erstrecken, sondern auf alle anderen möglichen Wesenheiten. Von Gottes Erkenntnis und seiner Herrschaft über das Universum handelt die Theorie, die als „System der Gesetze"[9] bezeichnet wird. Thomas fährt fort mit einer Synthese der Beziehungen der Unterordnung und Abhängigkeit des kontingenten Seienden unter beziehungsweise von Gott. Das ewige Gesetz (*lex aeterna*) ist der Plan der Vorsehung, wie er im unendlichen Wissen Gottes existiert. Dieser Plan spiegelt sich wider in jedem einzelnen Seienden des Universums in der Weise, wie er der jeweiligen besonderen Natur entspricht, und deshalb das ‚natürliche Gesetz' konstituiert. Die Wirkung dieser *lex naturalis* ist es, jedes Seiende seine Tätigkeiten in der Weise ausüben zu lassen, dass sie zu seinem Ziel führen, und so zu dem Gesamtplan der Vorsehung beizutragen. Sie ist blind und fatalistisch in den untergeordneten Seienden, aber im Falle des Menschen wird das Gesetz durch die Vernunft erkannt und es liegt in der Macht der menschlichen Freiheit, in Übereinstimmung oder gegen das Naturrecht zu leben. *Lex naturalis nihil aliud est quam participatio legis aeterna in rationalis creature.*[10] „Das Naturrecht (der Menschheit) ist einfach die Widerspiegelung des ewigen Gesetzes in der vernunftbegabten Kreatur." Wir werden in Kürze sehen, welche Beziehung zwischen dem natürlichen menschlichen Gesetz und der Moralität besteht und warum alle positiven Gesetze auf das Naturrecht gegründet werden sollten (XIII, 2, XV, 7).

IV. *Schlussfolgerung*. Für Thomas von Aquin ist die Existenz Gottes keine Wahrheit, die unmittelbar evident ist, sondern eine solche, die einen Beweis erfordert. Wir erkennen Gott nicht in der Weise, wie wir zum Beispiel das Widerspruchsprinzip oder unsere eigene Existenz erkennen, sondern wir müssen Gott durch den dichten Schleier der Welt der sinnlichen Wirklichkeit erkennen, der zwischen Gott und uns liegt. Ebenso ermöglicht uns nur ein Argumentationsprozess, einige Aspekte oder Attribute der göttlichen Unendlichkeit zu erkennen.

---

[9] Ibid., I^{a}II^{ae}, q. 90–97.

[10] Ibid., I^{a}II^{ae}, q. 91, art. 2.

Ist eine solche Erkenntnis Gottes anthropomorph? Ja und nein. Ja in dem Sinne, dass wir, wenn wir etwas über Gott sagen wollen, dies in einer menschlichen Weise tun müssen. Nein insofern, als wir uns vollkommen der Inadäquatheit und des begrenzten Zutreffens der ‚Namen' bewusst sind, die wir der Gottheit geben.

Kapitel XII

Personales Verhalten und moralische Werte

I. *Die Wissenschaft der Moral.* Die Tätigkeiten des Menschen sind durch Teleologie charakterisiert, d.h., er wünscht gewisse Dinge als Ziele und er will andere Dinge als Mittel zu diesen Zielen. Hierin ähnelt er allen anderen natürlichen Seienden, die, wie wir gesehen haben, mit einem teleologischen Charakter ausgestattet sind. Doch während diese anderen Seienden dazu neigen ihre Ziele durch gewisse interne Triebe, die ihnen selbst unbewusst sind und nicht ihrer Kontrolle unterliegen, zu erreichen, ist der Mensch, ausgestattet mit Vernunft und Freiheit, Herr seines eigenen Verhaltens – „Meister der Handlungen, die zum Ziel führen".[1] Das Studium des menschlichen Verhaltens als eines zielgerichteten bildet den Gegenstand der Ethik oder der Moralphilosophie. Die Erkenntnis, die wir dabei erlangen, bezieht sich auf die Ordnung der Dinge, von der wir selbst die Autoren sind und nicht nur die Zuschauer (XVIII, 2). Denn unser Verhalten ist unsere eigene Arbeit und die daraus resultierenden Beziehungen zwischen uns und dem Universum im Allgemeinen sind das, was wir selbst daraus machen.

Ausgehend von der Tatsache, die wir kürzlich beobachtet haben, diskutiert die Moralphilosophie drei allgemeine Fragen: das angestrebte Ziel, die Handlung, durch die wir es zu erreichen suchen,

[1] Dominus actum ducens at finem, *Summa Theol.*, I^{a}II^{ae}, q. 1, art. 1, 2.

und die Moralität oder die Beziehung der Zustimmung oder Angemessenheit zwischen dem einen und dem anderen.

II. *Das Problem der Ziele oder Zwecke.* Nach unserer allgemeinen Erfahrung ist unser Verhalten durch verschiedene Zwecke motiviert: Reichtum, Ehre, materielle Freude, soziale Stellung usw. All dies wird als etwas Gutes erstrebt, denn das einzige mögliche Motiv der Handlung ist unser Wohlbefinden und die Angemessenheit der Dinge und Handlungen in dieser Hinsicht. Das Gute ist es, was wir wünschen. Selbst ein Mensch, der Selbstmord begeht, um dem einen oder anderen Problem ein Ende zu machen, unterliegt demselben Gesetz. Die menschliche Natur will *das* Gute und alles, was gut ist. Und wenn unsere Erkenntnis uns eine äußere Realität präsentiert oder eine Handlung „einfach als wünschenswert und passend für uns“ erscheint, wollen wir sie notwendigerweise, außer wir überdenken dies zuerst und kommen zum Ergebnis, dass „nicht alles Gold ist, was glänzt“.

Das Gute, das das Ziel konstituiert, auf das wir gerichtet sind, ist immer unser eigenes Gut. Nichts ist personaler als das Verhalten und die Ziele, auf die wir in unserem Leben gerichtet sind. Wenn das Ziel Freude, Glück oder Erkenntnis ist, ist es stets unsere eigene Freude, unser Glück und unsere Erkenntnis. Das Ziel ist ein personales, denn der Mensch ist eine individuelle Substanz. Natürlich spielt das Gutsein anderer als Motiv in unserem Verhalten eine Rolle, aber es kann immer nur eine sekundäre Rolle spielen. Wir werden später sehen, dass eine menschliche Handlung eine *soziale* Handlung ist, die der Gemeinschaft nützt oder schadet. Die Realisierung individuellen Glücks ist der alleinige Grund für das Leben in Gemeinschaft. Deshalb geschieht es stets für unsere eigene personale Vollkommenheit, dass wir für das Wohlergehen der anderen sorgen. Solche, die zum Beispiel ihrem Nachbarn helfen, sehen in ihrer eigenen Arbeit die Leistung einer Handlung, die der Verstand billigt und die ihn deshalb in seinen eigenen Augen vervollkommnet.

Die Scholastiker sind so von dem personalen Charakter des Glücks überzeugt, dass sie die Frage stellen, ob eine Handlung der desinteressierten Liebe möglich ist, selbst wenn Gott der Gegenstand ist.

Deshalb könnte man allgemein sagen: wir lieben zuerst uns und die anderen nur sekundär.

Die Erfahrung lehrt uns, dass einige Ziele anderen Zielen untergeordnet sind und dass nicht alle den gleichen Wert haben. Sie sind in einer hierarchischen Ordnung gegliedert. Ich unternehme eine bestimmte Reise, um ein ganz bestimmtes Geschäft zu machen. Dieses Geschäft will ich, um Geld zu verdienen, und das Geld wiederum will ich, damit ich mein eigener Herr sein kann und so weiter. Ein Ziel, das einem anderen untergeordnet oder einem Ziel dienlich ist, wird zu einem Mittel. Dann muss es aber ein höchstes Ziel geben, dem alle anderen Ziele untergeordnet sind und das alle anderen Ziele dominiert. Wenn nicht, könnte ich überhaupt nichts wünschen und ich könnte nicht über eine bloß platonische Überlegung der Handlungsmöglichkeiten hinausgehen. Aber wir treffen wirkliche Entscheidungen und um ihre Aktualität zu erklären, muss es einige wirkliche Ziele geben, auf die wir gerichtet sind. Sonst würden wir in einen unendlichen Regress geraten, der ebenso absurd ist, wie in der Ordnung der Wirkursachen (XI, 1). Denn ein unendlicher Regress würde jede wirkliche Entscheidung unmöglich machen. Bestimmte einzelne Entscheidungen oder willentliche Handlungen sind jedoch Tatsachen. Was ist das höchste Ziel? Wir könnten als Erstes sagen, dass dies mein Gesamtgut oder mein Gut im Allgemeinen ist. Aber eine solche Aussage wäre unvollständig, denn man könnte weitergehen und fragen, wo dieses Gesamtgut oder dieses allgemeine Gute zu finden ist. Hier werden wir nun mit der Theorie der Werte konfrontiert. Viele konkrete gute Dinge der unterschiedlichsten Arten liegen außerhalb unserer Reichweite: Freude des Körpers oder des Geistes, gute Gesundheit, Glück, Freundschaft und vieles andere mehr. All dies entspricht in einem gewissen Maß unserem Streben, aber es wird notwendig, eine Skala seiner jeweilige Werte zu entwerfen, und dies kann nur durch den Verstand geschehen. Nun sagt uns der Verstand, dass unser wahres menschliches Gut darin bestehen sollte, dass es unsere speziellen menschlichen Strebungen erfüllt oder, mit anderen Worten, solchen Fähigkeiten entspricht, die die höchsten sind, die wir besitzen und die uns zu Menschen machen, nämlich Verstand und Wille.

Andere Dinge als der Verstand werden sozusagen als Ergänzung gut sein und kontrolliert durch die Vernunft.[2]

Das Glück, das unserer Art des Seins entspricht, wird deshalb in *Erkenntnis* und *Liebe* bestehen: einen vollkommenen Weg zu kennen, der alle Geheimnisse des materiellen Universums durchdringt und beherrscht, und zusätzlich aus den Werken Gottes ihn als den Schöpfer von allem zu erkennen. Und dann in derselben vollkommenen Weise zu lieben, sich an dieser Erkenntnis um ihrer selbst willen zu ergötzen und sich auf Gott unseren Schöpfer zu werfen – dies bildet das philosophische Glück.

Zweifellos nimmt der Mensch, der das Gute selbst, das vollkommen Gute wünscht, nicht auf einmal wahr, dass es Gott allein ist, der vollständig die Strebungen seines Geistes und Herzens erfüllen kann. Seine Vernunft gelangt zu diesem Schluss durch den schrittweisen Ausschluss aller anderen Gegenstände als Gott (XI, 1, 4). Bis dieser Prozess der Begründung durchgeführt ist, sucht der Mensch unbewusst nach Glück, ohne zu wissen, dass Gott sein Glück ist. „Wahrzunehmen, dass sich jemand nähert, bedeutet nicht, Peter zu erkennen, obwohl es Peter ist, der sich nähert. In gleicher Weise bedeutet das Wissen darum, dass das höchste Gut existiert, nicht anzuerkennen, dass Gott dieses höchste Gut ist, obwohl Gott das höchste Gut ist.“[3]

Zweifellos sollten wir in diesem rein natürlichen Zustand der Existenz vermuten, dass eine Erkenntnis und eine Liebe einer anderen und höheren Art, und außerhalb der Reichweite unserer Kräfte, in sich selbst möglich wäre – wir beziehen uns auf eine direkte Intuition der Gottheit und einer entsprechenden Liebe. Aber in jedem Fall sollten wir verstanden haben, dass es über uns war und wir sollten ebenso den Grund, warum dies so ist, kennen.

---

[2] Das höchste Gut des Menschen ist deshalb etwas, das angemessen ist, *bonum honestum*, d.h. das mit der rationalen Natur harmonisiert. Es kann nicht nur etwas Nützliches sein, *bonum utile*, denn dies ist per Definition etwas anderem untergeordnet. Noch kann es bloß etwas Erfreuliches sein, denn Freude ist letztlich eine Folge, die sich aus der Handlung ergibt (VII, 4).

[3] Ibid, I[a], q. 2, art. 1.

An diesem Punkt kommt die katholische Theologie ins Spiel und sie behauptet, dass diese höhere Bestimmung und dieser höhere Zustand, die die Kräfte unserer rationalen Natur übersteigen, uns durch die Gnade gegeben werden.[4] Gott gibt uns übernatürliches Glück als ein freies Geschenk. Die „Seligkeit der Abstraktion" verblasst in der „Seligkeit der Schau", so wie der Schatten vom Strahl des Lichtes absorbiert wird.

Das Ziel des Menschen ist daher für die scholastische Philosophie ein intellektuelles. Gott zu schauen, ob in seinen Werken oder von Angesicht zu Angesicht, ist – für Thomas von Aquin – wesentlicher für die Glückseligkeit als Liebe selbst, denn Liebe ist am Ende eine notwendige Folge solch einer Schau. Sicherlich kann keine Philosophie der Erkenntnis eine höhere und herrlichere Rolle geben als diese.

Man muss aber nicht denken, dass die Scholastiker andere gute Dinge vom menschlichen Glück ausschlössen, wie z.B. physisches Wohlbefinden. Vielmehr werden diese Dinge verstanden als Beitrag zum Glück als Ganzem, und weil der Mensch einen Körper hat, soll der Körper das Glück der Seele teilen, immer unter der Bedingung, dass diese zusätzlichen guten Dinge dem menschlichen Gut *par excellence* untergeordnet bleiben.

Um diesen Absatz abzuschließen, wollen wir noch bemerken, dass das höchste Ziel des Menschen, das in der vollen Entwicklung der Kräfte der Erkenntnis und des Wollens besteht, nicht außerhalb seiner Macht steht. Glück ist keine Fata Morgana. Die scholastische Moralphilosophie ist optimistisch.

III. *Willentliche und freie Akte.* Menschliches Verhalten beruht auf willentlichen Akten, denn es ist der Wille, der zu dem Guten im Allgemeinen neigt, wie es uns durch unsere Vernunft präsentiert wird, oder zu einer bestimmten guten Sache, die die Qualität der Gutheit zeigt. Eine ‚bestimmte Sache' muss hier in einem weiten Sinne verstanden werden, so dass sie nicht nur äußerliche Dinge einschließt, die wir wünschen (wie ein Grundstückseigentümer

---

[4] Ibid., I^{a}, II^{ae}, q. 3, art. 8.

sich wünscht, ein weiteres Grundstück seinem Eigentum hinzuzufügen), sondern auch jede Tätigkeit (essen, trinken, spielen, studieren), die in Entsprechung mit der Ordnung des Willens durchgeführt wird. Wir haben bereits gesehen, dass, wenn wir mit einer guten Sache konfrontiert werden, die unser Geist sich als einfach gut und ohne Fehler vorstellt, wir diese dann notwendig wollen (VII, 3). Wir können nicht möglicherweise diese Neigung unserer Natur zerstören. Unser Wille hat einen unstillbaren Durst nach dem Guten. Freiheit kommt nur ins Spiel bei der Wahl der Dinge, die *teilweise* gut sind oder bei denen die Reflexion zeigt, dass sie in der Gutheit begrenzt sind.

Deshalb ist es der willentliche Akt und insbesondere der freie Akt, der moralisch relevant ist. Ein moralisch guter oder schlechter Akt ist vor allem anderen ein freier Akt.

V. *Moralische Gutheit und menschlicher Akt*. Eine Sache oder eine Tätigkeit ist gut, wenn sie in irgendeiner Weise für uns geeignet ist. Ein Leben des Vergnügens zu leben oder nur daran zu denken, reich zu werden, scheint nur für einen sinnlichen und raffgierigen Menschen gut zu sein. Eine Sache oder eine Handlung ist nur dann *moralisch gut*, wenn sie in *Übereinstimmung mit dem wahren Ziel des Menschen* ist und wenn sie direkt oder indirekt zu unserer wirklichen Vervollkommnung beiträgt (XII, 2). Von einem moralischen Standpunkt aus betrachtet sind Vergnügen und Reichtum weder gut noch böse. Sie werden dies nur, wenn der Wille, geleitet durch die Vernunft, sie einsetzt für den Dienst am wahren menschlichen Guten, durch die Ein-ordnung ihres angemessenen Ortes in einer Werteskala. Gutheit und moralische Gutheit sind entsprechend nicht synonym: die Letztere ist nur eine besondere Art der Ersteren. Die Moralität unterscheidet sich je nach dem zugeordneten Ziel, denn sie besteht in der Beziehung zwischen Akt und Ziel. Die Konzeption der Moralität wird sich dem-entsprechend in einem hedonistischen System, das Vergnügen als einziges Ziel kennt, von einem intellektualistischen System der Moral im Sinne der Scholastiker unterscheiden.

Moralität gehört zur Gesamtsumme des menschlichen Wollens, aber im Besonderen zu unseren freien Tätigkeiten. Obwohl die tiefgehende und notwendige Neigung des Menschen zum Guten im Allgemeinen tatsächlich mit Moralität ausgestattet ist, weil sie das ist, was den Menschen in Bewegung setzt, gehört der moralische Charakter prinzipiell zum Akt des freien Willens; denn wenn einmal die fundamentale Neigung zum Guten zum wirklichen Wollen übergeht, ist sie mit einem konkreten, begrenzten Guten beschäftigt, das den Gegenstand der freien Wahl betrifft. Deshalb hat der Mensch eine schreckliche Kraft diesen Weg zu wählen. Er kann sich von dem abwenden, was sein wahres Gutsein betrifft, und sich stattdessen Dingen zuwenden, die zweifellos mit einer bestimmten Art wirklicher Gutheit ausgestattet sind, die aber gleichwohl destruktiv für seine eigenen wahren Interessen sind.

Freiheit erhält einen moralischen Aspekt, wenn sie in Verbindung mit dem Ziel menschlichen Verhaltens betrachtet wird. Folglich betrifft alles die Moralität der Handlungen, was die Freiheit erhöht oder vermindert, sei es die Dumpfheit der mentalen Fähigkeiten, der geordnete oder ungeordnete Zustand der Leidenschaften, körperliche Gesundheit, Erziehung und Haltung, alles dies betrifft die *Moralität* der Handlungen.

V. *Objektive Unterscheidung zwischen moralisch Gut und Böse*. Das Ziel des Menschen folgt aus seiner Natur. Das oberste menschliche Gut ist, was es ist, weil der Mensch Bewusstsein hat, weil er rational und mit freiem Willen begabt ist. In letzter Analyse ist die menschliche Natur, wie alle anderen Wesenheiten, gegründet in der unveränderlichen Beziehung der Ähnlichkeit mit Gott (V, 1). Weil dies so ist, muss die Beziehung, die zwischen dem menschlichen Akt und dem Ziel des Menschen besteht, ebenso aus der *Natur der Dinge* folgen. Ob wir es mögen oder nicht, sie sind, was sie sind. Die Moralität hängt nicht ab von der Willkür der Menschen und selbst Gott kann sie nicht ändern. Ob wir es wünschen oder nicht, ein Gebet muss uns zu Gott hinziehen und Blasphemie muss uns von ihm entfernen. Und wenn das Leben in der Gesellschaft eine unverzichtbare Bedingung zur Erreichung unserer individuellen Ziele ist (XV, 1), ist es moralisch gut, unseren Freunden zu helfen, und moralisch schlecht, danach zu trachten, die Autorität zu zerstören.

Da diejenigen Akte, die in sich selbst keine Beziehung zu dem Ziel des Menschen haben und die daher als ‚indifferent' bekannt sind, eine untergeordnete Bedeutung haben, gibt das Ziel, für das wir sie frei ausüben, ihnen sozusagen einen geliehenen moralischen Charakter, der sie wirklich gut oder böse macht. Unsere banalsten Tätigkeiten, wie Spazierengehen oder in einem Labor arbeiten, besitzen ihren Charakter der Gutheit oder Bosheit wegen der Rückwirkung, die sie letzt-endlich auf unser Leben oder auf das Leben anderer Mitglieder der menschlichen Gesellschaft haben.

VI. *Moralischer Reichtum eines Aktes.* Daraus folgt, dass eine Handlung umso mehr zur Vollkommenheit unserer Natur beiträgt, je reicher ihre Moralität ist. Neben dem intrinsischen Charakter einer Handlung, der sie gut oder böse macht und über den wir gerade gesprochen haben (*finis operis*), richtet Thomas von Aquin die Aufmerksamkeit auf die *Intention* (*finis operantis*) und die Umstände dieser Handlung als zwei anderen Elementen, die die moralische Güte oder Bosheit erhöhen oder vermindern. Deshalb ist eine Handlung, die einen Beitrag zur Erleichterung der Armut leistet, in ihrer eigenen Natur eine gute Handlung, und keine menschliche Intention kann diese intrinsische Gutheit verändern (*finis operis*). Doch die Eitelkeit desjenigen, der das Almosen gibt, vermindert den moralische Wert des Unternehmens. In derselben Weise wird der moralische Wert erhöht, wenn wir Opfer oder Schwierigkeiten erdulden, um den Zweck zu erreichen. Man könnte darauf hinweisen, dass dieselben Elemente (intrinsischer Charakter, Intention, Umstände) nicht nur die Moralität betreffen, sondern auch den Grad der Realität der Handlung selbst. Folglich bereichern oder schwächen sie die Personalität, aus der alle unsere Handlungen hervorgehen.

Kapitel XIII

Pflicht und moralisches Gesetz

I. Natur und Umfang moralischer Pflicht
II. Das Naturrecht der Menschheit
III. Festigkeit und Variabilität der Gesetze

I. *Natur und Umfang moralischer Pflicht*. Das Studium der moralischen Pflichten gehört zu den wichtigsten Gebieten, in denen die Scholastiker Fortschritte gegenüber den griechischen Philosophen gemacht haben, die sich selbst auf das Studium des Guten beschränkten. Unter den Handlungen, die moralisch gut sind, gibt es einige, die verpflichtend sind, und andere, die dies nicht sind. Zum Beispiel sind nicht alle Menschen dazu aufgerufen, Helden oder Märtyrer zu sein, aber von allen wird gefordert, die Rechte anderer auf Leben und Eigentum zu respektieren.

Psychologisch betrachtet zeigt sich uns eine moralische Pflicht in der Form eines Befehls oder eines Zwangs, der den Willen in eine bestimmte Richtung drängt, ohne jedoch die Freiheit in solchen Fällen zu zerstören, in denen ein Raum zur Freiheit gegeben ist. So ist uns allen zum Beispiel bewusst, dass wir unsere Eltern respektieren sollen, doch sind wir gleichwohl frei, dies nicht zu tun.

Zu welchen Willensakten gehören diese moralischen Pflichten? An erster Stelle sind wir gebunden, unser Ziel, d.h. unser Heil, zu wollen, und es zu suchen, wo es zu finden ist – in dem, was der tief verwurzelten Neigung unserer vernünftigen Natur entspricht – und nicht ausschließlich nach solchen sekundären Gütern zu sehen, die aufhören, gut zu sein, wenn sie nicht durch die Vernunft kontrolliert werden. An zweiter Stelle sind wir moralisch gebunden, das zu wollen, was *unverzichtbar* ist, um unser Ziel zu erreichen und das zu vermeiden, was mit *Notwendigkeit* uns davon entfernt. Deshalb wird die natürliche Religion eine Pflicht, weil Gott das Ziel ist, in dem der Mensch sein Glück findet, und weil wir verpflichtet sind, Gott zu erkennen und ihn zu lieben mit der ganzen Kraft unserer Natur. Nach den Scholastikern ist die natürliche Religion eine Religion der Liebe, die das menschliche Verhalten inspiriert. Deshalb ist Gott nicht nur ein kühles metaphysisches Skelett, das unveränderliche Seiende, das alle Veränderung erklärt, sondern er gehört zum ganzen moralischen Leben des Menschen. Die Verpflichtung auf den Gebrauch der notwendigen Mittel ist eine logische Folge aus der Pflicht, das Ziel zu suchen. Aber hier hört die Pflicht auf. Um von Boston nach New York zu kommen, muss ich die Strecke, die beide Städte voneinander trennt, irgendwie zurücklegen, aber ich kann nach New York mit dem Zug oder mit dem Schiff fahren. So kann ich auch frei wählen zwischen verschiedenen Mitteln, wenn jedes von ihnen zum Ziel führt und keines der ausschließliche Weg ist, um das Ziel zu erreichen. Dies ist der Grund, warum alle Stände des Lebens gut sind, warum weder die Ehe noch der Zölibat verpflichtend sind und warum ein Mensch jeden Beruf wählen kann, von dem er denkt, dass er dadurch seine Bestimmung erreiche. Daher besteht die moralische Verpflichtung in der Notwendigkeit unser höchstes Gut zu wollen, verbunden mit der Freiheit, die konkreten Gegenstände zu wählen, durch die dieses tatsächlich verwirklicht wird.

Was ist die Grundlage der moralischen Pflicht? Die psychologische Tatsache des Zwangs enthüllt eine moralische Pflicht, kann aber nicht der zureichende Grund der Pflicht sein, denn wir könnten weiter fragen: Worauf beruht dieses Gefühl? Für die Scholastiker gründet die moralische Verpflichtung in der menschlichen Natur selbst und in der Notwendigkeit des Heils des Menschen. Aber die letzte Begründung ist das göttliche Gebot. Allein Gott kann ein Gesetz vorschreiben, das moralisch bindet; er allein kann dem Gesetz die notwendige Sanktion hinzufügen. Verpflichtung und moralisches Gesetz stehen zum Menschen in derselben Beziehung wie das Naturgesetz zu allen Seienden: es bezieht sich auf die Anwendung des ewigen Gesetzes auf die Natur, die rational und frei ist.

II. *Das Naturrecht der Menschheit*. Thomas von Aquin unterscheidet zwei Arten von Geboten, die durch das Naturrecht dem Menschen gegeben sind. (1) Zuerst haben wir das grundlegende Gebot, nach der Vernunft zu handeln, „Gutes zu tun und Böses zu vermeiden" und einige allgemeinen Geboten zu folgen, die aus dieser grundlegenden Verpflichtung folgen. Zum Beispiel sind Menschen dazu verpflichtet, „ihr eigenes Leben zu bewahren und Schaden fernzuhalten ..., die Wahrheit über Gott und über das Leben in der Gemeinschaft zu erkennen".[1] Diese Gebote sind für alle Menschen zu allen Zeiten dieselben. Sie können in gewissen Fällen getrübt werden, aber sie können niemals vollständig ausgelöscht werden, denn sie sind die Folge der uns eingeborenen Neigung zu unserem *wirklichen* Heil. Daraus folgt, dass die menschliche Natur radikal gefestigt ist, und dass das Übel der Verbrechen fähig ist moralisch reformiert zu werden.

(2) An zweiter Stelle haben wir Prinzipien, die man als umständehalber beschreiben könnte, weil das menschliche Verhalten notwendig gebunden ist an Bedingungen von Raum und Zeit sowie der physischen und sozialen Umgebung. Die menschliche Vernunft muss die Umstände mit in die Überlegungen bei der Artikulation des Naturrechts aufnehmen. Je enger ein Gesetz auf bestimmte Umstände und Fälle angewendet wird, desto zahlreicher sind die Ausnahmen vom Gesetz und diese Ausnahmen sind gerechtfertigt durch die Vernunft. Dementsprechend sagt Thomas, dass das moralische Gesetz nur die Mehrheit der Fälle beherrscht, *„ut in pluribus.*" „Folglich ist es in kontingenten Angelegenheiten, wie den natürlichen und menschlichen Dingen, für eine Sache genug, in der größeren Zahl der Fälle wahr zu sein, obwohl es zu bestimmten Zeiten und weniger häufig falsch sein kann."[2] „Aus dem Prinzip, dass wir nach der Vernunft handeln sollen, kann man ableiten, dass wir Dinge zurückgeben sollen, die uns anver-traut wurden, und dies ist in der Mehrheit der Fälle wahr. In bestimmten Fällen jedoch wäre die Rückgabe gefährlich und deshalb unvernünftig, wie in dem Fall, wo derjenige, dem man einen Artikel zurückgibt, diesen dazu benutzt, um seinem Leben ein Ende zu bereiten oder seinem Land einen Schaden zuzufügen."[3]

---

[1] Summa Theol., I^{a}II^{ae}, q. 94, art. 2.

[2] Ibid., Q. 96, art. 1.

[3] Ibid., q. 94, art. 4.

III. *Festigkeit und Variabilität der Gesetze.* Diese Bedingungen erklären, warum sich bei durch Umstände bedingten Gesetzen – die immerhin diejenigen sind, die das alltägliche Leben regeln – sowohl Festigkeit als auch Veränderung finden. Die historischen und sozialen Umstände können variieren und deshalb wird eine gewisse Elastizität in moralischen Gesetzen möglich. Aber das fundamentale Gebot und die unmittelbaren Folgerungen daraus, die von allen erkannt werden und die alle binden, sind festgelegt und unveränderlich. Sie sind so dauerhaft wie die menschliche Natur und die menschliche Vernunft selbst. Sie bilden ein Depot in der Tiefe jeder menschlichen Seele und eine innerliche Stimme[4] informiert uns darüber. Sie entsprechen den ungeschriebenen Geboten, die ausgesprochen wurden von Sophokles in der *Antigone*, von Cicero, den Stoikern, den Kirchenvätern, und die von den Scholastikern in ihr umfassendes System der Metaphysik aufgenommen wurden.

[4]Der Mensch besitzt eine natürliche Anlage und dauerhafte Disposition, die ersten moralischen Gebote zu erkennen. Dies wird *Synteresis* genannt, die Thomas definiert als:*lex intellectus nostri inquantum est habituscontinenslegis naturalis quae sunt prima operumhumanorum*, q. 94, art. 1.

Kapitel XIV

Gewissen und moralische Tugend

I. Gewissen
II. Verantwortung und Sanktionen
III. Moralische Tugenden. Klugheit und Gerechtigkeit

I. *Gewissen.* Die Pflicht, in einer bestimmten Weise in einem konkreten Fall zu handeln, trifft den Willen durch die Vermittlung eines Erkenntnisaktes. Dies ist offensichtlich durch die Gegebenheiten der Psychologie und Ethik. Ich sollte die moralischen Gesetze kennen, und zwar nicht nur, wie sie in mehr oder weniger allgemeinen Prinzipien durch allgemeine Urteile der praktischen Vernunft ausgedrückt sind, sondern auch als anwendbar oder nicht anwendbar auf einen bestimmten gerade vorliegenden Fall. Der Akt, durch den die Vernunft ein universales Prinzip der Moral auf einen einzelnen Fall anwendet, ist das Urteil des Gewissens.[1] Die praktische Vernunft sagt: Du musst im Geschäftsleben ehrlich sein und jedem das Seine geben. Das Gewissen sagt: Du musst deinem Kunden die Summe von 100 Euro zurückgeben, den er für den Artikel irrtumshalber zu viel bezahlt hat.

Ein Gesetz, das man nicht kennt, kann uns nicht verpflichten und wir sind niemals verpflichtet anders zu handeln, als uns dies das Gewissen sagt, selbst wenn das Urteil des Gewissens irrt. „Wir müssen bedingungslos sagen, dass jeder Willensakt, der aus einem irrenden Verstand entsteht, ob der Verstand richtig oder falsch ist, böse ist."[2] Indem Thomas das Prinzip in dieser Weise anwendet, zeigt er die Weite seiner Auffassung und, wie wir sogleich bemerken wollen, demonstriert er die Toleranz von Denkern des 13.

---

[1] Summa Theol., I^{a} II^{ae}, q. 19, art. 5. *Aonscientia nihil aliud est quam application scientiae ad aliquam actum.*

[2] *Ibid.*, q. 19, art. 5.

Jahrhunderts in religiösen Angelegenheiten. Denn wenn irgendjemand in gutem Glauben denkt, dass er etwas Falsches tun müsse, um ein Christ zu werden, würde er etwas Falsches tun, wenn er an Christus glaubt, obwohl der christliche Glaube in sich selbst gut ist und notwendig zum Heil.[3] Aus demselben Grund bindet uns ein zweifelhaftes oder „wahrscheinliches" Gewissen gar nicht oder in einem geringeren Grad. Verpflichtung ist eine Funktion der Erkenntnis.

Aber wir müssen noch etwas zu dieser thomistischen Lehre hinzufügen. Man muss nicht annehmen, dass *jeder* Willensakt böse sei, der unter dem Eindruck, dass er gut sei, moralisch aufrichtig ist, denn der Mensch hat eine positive Pflicht sich über die moralischen Verpflichtungen zu informieren, zweifelhafte Punkte zu klären und Wahrscheinlichkeiten abzuwägen (XIII, 2). Fehler, Zweifel, Übereilung werden schuldhaft, wenn sie willentlich geschehen. Doch es bleibt wahr, dass alles, das die klare Sicht dessen, was der Mensch tun sollte, zurückweist, so wie Vorurteile, Erziehung, Häresie, organische Krankheit oder Schwäche, Angst und Furcht und andere Leidenschaften, Fehler oder böse Neigungen des Willens, Emotionen etc. (VII, 5), den moralischen Charakter der Handlung und damit auch die Verantwortlichkeit reduziert.

II. *Verantwortung und Sanktionen.* Moralische Handlungen, seien sie verpflichtend oder nicht, werden dem Individuum zugerechnet, insofern sie frei vollzogen werden. Wie Aristoteles sagte, ist der Mensch der Vater seiner Handlungen, wie er der Vater seiner Kinder ist.

Verantwortlichkeit in Beziehung zu sich selbst oder zu anderen beinhaltet Verdienst oder Tadel. Die Scholastiker verstehen dies als eine natürliche Folge des Gebrauchs der Freiheit. Wenn eine Handlung, die frei gewollt ist, sei sie moralisch oder unmoralisch, *nichts mit Verdienst oder Tadel zu tun hätte*, und wenn wir letztlich nicht zurückgreifen könnten auf ein Sanktionssystem (d.h. Belohnung oder Strafe), das im zukünftigen Leben vollendet werden muss, würde nicht nur das Gute nicht mehr belohnt und das Böse nicht

---

[3] *Ibid.*, q. 19, art. 5.

mehr bestraft werden, sondern die Freiheit selbst hätte keinen zureichenden Grund mehr. Was wäre der Gebrauch der Freiheit, wenn ihre richtige oder unrichtige Anwendung keine Wirkung auf unsere letzte Glückseligkeit hätte?

III. *Moralische Tugenden. Klugheit und Gerechtigkeit.* Die Ausübung einer moralisch guten Handlung bringt eine moralische Tugend hervor: sie prägt in uns dauerhaft einen höheren Teil unserem Sein ein, wodurch wir darin gesteigert werden, in allen Umständen unseres Lebens gut zu handeln. Moralische Tugend ist das Ergebnis moralischen Verhaltens in der Vergangenheit und die Quelle ähnlichen Verhaltens in der Zukunft. Die moralischen Tugenden sind Klugheit, Gerechtigkeit, Standhaftigkeit und Mäßigkeit (VIII, 3).

Die Grundlage des moralischen Lebens bildet die Klugheit, die *recta ratio agibilium* – „die richtige Beurteilung der Dinge, die zu tun sind" –, die bestimmt, welche Handlungen unter bestimmten Umständen ausgeführt werden sollten. Gewisse primäre und sehr einfache Urteile, die in jedem Geist präsent sind (wie zum Beispiel: „es ist notwendig, in Gemeinschaft zu leben"), erzeugen eine Strebung oder Neigung, in Übereinstimmung mit diesen Urteilen zu handeln (zum Beispiel eine allgemeine Tendenz, alles zu tun, was notwendig ist, um in Gemeinschaft zu leben). Danach kommt die Reihe der praktischen Urteile, die alle Umstände bedenken (*consilium*, Ratschlag) und die Wahl bestimmen. Diese Urteile wiederum bestimmen den Willen ihnen zu folgen (*imperium*). Ein kluger Mensch ist jemand, der durch die Häufigkeit solcher Urteile schnell und ohne Übereilung sieht und entscheidet, was in einem bestimmten Fall getan werden muss. Klugheit gehört deshalb sowohl zum Erkennen als auch zum Handeln und veranschaulicht die intime Durchdringung der Erkenntnis und des Willens in der Einheit des Bewusstseins. Gelegen an der Schwelle des moralischen Lebens, durchdringt die Klugheit alle anderen Tugenden, die uns in unseren Handlungen leiten, besonders Gerechtigkeit, Standhaftigkeit und Mäßigkeit.

Um die Bedeutung der Gerechtigkeit zu verstehen, müssen wir zunächst den Begriff des Rechts (*jus*) bedenken. Recht setzt das Zusammenleben vieler Menschen in einer Gemeinschaft voraus. Weil ich ein persönliches Ziel zu erreichen habe, sind meine Handlungen natürliche Mittel, die *meiner* eigenen Vervollkommnung dienen. Wenn sie direkt anderen zugutekommen, dann schulden diese Anderen mir eine Entschädigung, und Recht, *jus*, besteht genau in dieser Forderung nach Gleichheit. „Recht oder das, was gerecht ist, ist ein Werk, das auf einen anderen bezogen ist hinsichtlich einer Art der Gleichheit."[4]

Gerechtigkeit, die Tugend par excellence des Lebens in Gemeinschaft, ist der psychologische und moralische Zustand eines Menschen, der „fest und dauerhaft jedem das ihm Zukommende geben will".[5] Entsprechend setzt sie eine Pluralität verschiedener Personen voraus, die in der Lage sind, diese Gleichheit durch die Mittel ihrer Handlungen zu erbringen. „Weil es zur Gerechtigkeit gehört, menschliche Handlungen zu regeln, muss diese Gleichheit, die von der Gerechtigkeit gefordert wird, zwischen verschiedenen Personen bestehen, die in der Lage sind zu handeln."[6] Dies ist in der Tat von dem Individualismus gefordert, der die Metaphysik und Moralphilosophie des Thomas von Aquin durchzieht. Thomas lässt keine Gelegenheit aus, den Wert der Personalität zu betonen.

Es ist einfach zu sehen, dass „die Anderen", zu deren Nutzen die Gerechtigkeit existiert, ein Individuum oder eine Gemeinschaft bezeichnen können, und somit erhalten wir eine Unterscheidung der Gerechtigkeit in einzelne und soziale Gerechtigkeit. Einem Ladenbesitzer zum Beispiel den Preis für einen Artikel zu zahlen bedeutet eine Handlung der besonderen Gerechtigkeit auszuüben.[7]

In diesem Kapitel geht es nur um die partikuläre Gerechtigkeit. Weil das Recht – das, was den Anderen zukommt – auf einer objektiven Gleichheit beruht, ist es unabhängig von unseren Leiden-

---

[4] *Jus sive justum est aliquod opus adaequatum alteri secundum aliquem modum. Ibid.*, q. 57, art. 1.

[5] *Perpetua et constans voluntas jus suum unicuique tribuendi. Ibid.*, q. 58, art. 1.

[6] *Ibid.*, art. 2.

[7] In diesem Beispiel gibt es einen Austausch, der eine Gleichheit erbringt, und er wird *kommutative* Gerechtigkeit genannt. Daneben thematisiert Thomas von Aquin Akte der *distributiven* Gerechtigkeit. Kommutative und distributive (austeilende) Gerechtigkeit bilden die zwei Seiten der privaten Gerechtigkeit.

schaften und Affekten. Dasselbe gilt für die Tugend der Gerechtigkeit. Auf der anderen Seite sind Standhaftigkeit, die Kühnheit und Furcht reguliert, und Mäßigkeit, die unser Verlangen in Zaum hält, direkt bezogen auf unsere Leidenschaften und unsere inneren Neigungen.

Man kann sagen, dass Thomas von Aquin für die Gruppe der moralischen Tugenden des Aristoteles den Begriff „*in medio virtus*" beibehält unter der Bedingung, dass die Bedeutung hier durch die Vernunft bestimmt ist, und er unterscheidet in dem Fall unterschiedliche Tugenden. So bedeutet es z.B. nicht, die Grenzen der Mäßigkeit, die durch die Vernunft vorgeschrieben werden, zu beachten, wenn man nicht isst, wenn man es sollte, oder mehr zu essen, als man sollte. Wo es um die Tugenden geht, müssen wir uns eng an die Vernunft halten.

Die Moralphilosophie von Thomas von Aquin steht in enger Abhängigkeit von seiner Metaphysik. Der moralische Wert der Personalität, das Ziel des Menschen, der Begriff der moralischen Güte, der moralische Reichtum einer menschlichen Handlung sind alle gegründet in Übereinstimmung mit den großen Prinzipien des Pluralismus, der universalen Finalität und der Gutheit des Seins.

Kapitel XV

Gesellschaftliches Leben und der Staat

I. *Die fundamentalen Prinzipien des gesellschaftlichen Lebens.* Der Mensch ist von Natur her auf eine Gemeinschaft gerichtet. Das gesellschaftliche Leben ist notwendig, denn sich selbst überlassen in einem isolierten Zustand, würde ein Individuum des Materials beraubt, der intellektuellen Führung und der moralischen Unterstützung, die zur Erlangung der Glückseligkeit notwendig ist. Das soziale Leben ist genau wegen dieser Unzulänglichkeit des Individuums für seine eigenen Bedürfnisse notwendig.

Auf diese Weise ist nun das fundamentale Prinzip des gesellschaftlichen Lebens begründet, das wir wie folgt formulieren können: „Die Gemeinschaft existiert für das Individuum und nicht das Individuum für die Gemeinschaft." Ähnlich wird das Wohl einer Gemeinschaft nicht verschieden sein von der Art der Individuen, die sie bilden.

Es ist ein allgemeines Prinzip, das zutrifft auf häusliche, politische (Gemeinde, Stadt, Staat), religiöse (Kirchengemeinde, Abtei, Diözese, Christenheit) und ökonomische (z.B. Gewerkschaft oder Innung) Gemeinschaften. Es gründet in der allgemeinen Ethik, die den Wert der menschlichen Personalität betont, und dieser moralische Individualismus, selbst eine der bemerkenswertesten Errungenschaften der mittel-alterlichen Zivilisation, ist umgekehrt verbunden mit der Metaphysik, die keine andere existierende substantielle Wirklichkeit anerkennt als das Individuum in dem hier in Frage stehenden Bereich.

II. *Die Einheit der Gemeinschaft und die unveräußerlichen Rechte ihrer Mitglieder.* Die Gemeinschaft ist daher keine Substanz als solche, wie dies von einigen gegenwärtigen Philosophen gedacht wird, und der Begriff einer ‚kollektiven Person' ist ein Widerspruch (X, 1). Ihre Einheit ist nicht die innere Einheit, die zu einer natürlichen Substanz gehört und die für Kohärenz in ihr sorgt, sondern eher eine äußere Einheit. Jedes Mitglied einer Gemeinschaft behält seinen Wert als Person, aber seine Tätigkeiten sind vereint oder koordiniert mit denen anderer Personen. Dies ist im Besonderen wahr hinsichtlich des Staates, „der viele Personen umfasst, deren verschiedene Tätigkeiten sich verbinden um das Wohl hervorzubringen".[1]

Die Einheit einer sozialen Gruppe oder eines Staates ist die „Einheit der Funktion", die von verschiedenen Mitgliedern ausgeübt wird. Der einzige Unterschied zwischen natürlichen Gemeinschaften (wie Familie und Staat) und den künstlichen Gemeinschaften (wie einem Klub, einem Verein oder einer politischen Partei) besteht darin, dass im ersten Fall die Zusammenarbeit notwendig ist und im zweiten Fall nicht.

Weil die Gemeinschaft um ihrer Mitglieder willen existiert, ist es selbstverständlich, dass sie deren unveräußerliche Rechte, die Ausdruck der Personalität sind, d.h. die zum Individuum als einer rationalen Natur gehören, nicht entziehen oder verändern kann. Ob es Sklave oder Freier ist, reich oder arm, Herrscher oder Beherrschter, ein Individuum hat stets „das Recht, sein Leben zu bewahren, zu heiraten und Kinder zu zeugen, seinen Verstand zu entwickeln, unterrichtet zu werden, die Wahrheit zu bewahren und in Gemeinschaft zu leben".[2] Dies sind einige der Vorrechte des

---

[1] *Summa Theol.*, I^{a}II^{ae}, q. 96, art. 1.
[2] *Ibid.*, q. 94, art. 2.

Individuums, die in der Menschenrechtserklärung des 13. Jahrhunderts erschienen.

Unter den verschiedenen natürlichen Gemeinschaften galt der Familie und dem Staat die besondere Aufmerksamkeit der scholastischen Philosophen.

III. *Die Familie.* Die Familie, die die Zelle des sozialen Organismus bildet, besteht aus dem Ehemann und der Frau, den Kindern und den Dienern. Der Vater ist das Haupt dieser Gemeinschaft und er erhält seine Autorität von Gott (XV, 4). Obwohl die Ehefrau in einem bestimmten Sinne zum Mann gehört (sie wird als ein Teil des Mannes bezeichnet), ist ihre Unabhängigkeit vom Mann größer als die der Kinder von ihrem Vater oder der Diener von ihrem Meister. Die Un-terordnung der Kinder unter den Vater ist vollständig, so wie die des Leibeigenen unter seinen Herrn.

Daraus folgt, dass es strengere Beziehungen der ‚Gerechtigkeit' zwischen Ehemann und Ehefrau gibt als zwischen dem Vater und seinen Kindern oder zwischen dem Herrn und seinen Leibeigenen, denn, wie wir zuvor gesehen haben, erfordert Gerechtigkeit eine Unterscheidung (*ad alterum*) zwischen Personen. Aber immer bleiben die individuellen Rechte des Menschen bestehen. Das 13. Jahrhundert war noch nicht vorbereitet, die Leibeigenen vollständig frei zu lassen, aber deren Bedingungen waren völlig verschieden von der Sklaverei der Antike und des frühen Mittelalters. Mehr noch, sowohl die rechtliche als auch die zivile Gesetzgebung verbesserten ständig ihre Lebensbedingungen.

IV. *Ursprung der Autorität des Staates.* Ob groß oder klein, ein Staat besteht aus einer Gruppe von Familien unter der Autorität oder der Macht einer oder mehrerer Personen. Woher kommt diese Souveränität, d.h. die Macht eines Menschen zu befehlen und seine Mitmenschen zu regieren? Die Scholastiker antworten, dass alle Macht von Gott kommt, und sie erklären dies folgendermaßen: Das gesamte Universum ist beherrscht durch den Plan der göttlichen Vorsehung, das ewige Gesetz aller Wirklichkeit (*lex aeterna*). Jedes Individuum trägt durch Erreichung seines eigenen Ziels zur Verwirklichung dieses göttlichen Plans und zur Aufgabe des Ganzen bei. Daraus folgt, dass der Mensch seinen Teil zu der kosmischen Ordnung beiträgt, abgestimmt durch Gott für das Universum, und genau durch das Erreichen der Vorsehung, die zu ihm als einem rationalen Wesen gehört und die damit für seine Glückseligkeit sorgt (XII, 1, 2). Weil nun das soziale Leben dazu eingerichtet wurde den Individuen zu helfen ihr Ziel zu erreichen, muss die beherrschende Autorität, die ein notwendiges Element der Gemeinschaft bildet (*ratio gubernationis*), ein Weg sein, den göttlichen Plan zu realisieren, und somit letztlich von Gott kommen.

„Weil das ewige Gesetz der Grund oder die Erklärung der Regierung des höchsten Herrschers ist, muss der Grund der regierenden Herrscher auch aus dem ewigen Gesetz folgen."[3] Herrscher sind deshalb göttliche Delegierte. Dies ist eine allgemeine Theorie und gilt für jede Art der Autorität. Im Falle des Staates spielt es keine Rolle, durch welche Mittel diese göttliche Macht übertragen wird oder in wem sie gegründet wird. Dies sind Fragen für besondere Überlegungen.

V. *Die Regierung ist ein Officium oder ein Dienst.* Die *raison d'être* der Regierung bestimmt ihre Natur: sie ist utilitär, ein *Officium*, ‚Funktion' oder ein Dienst. Die Fürsten der Erde sind von Gott nicht dazu eingesetzt, ihren eigenen Profit zu suchen, sondern damit sie das Gemeinwohl gewährleisten. Selbst im Falle der päpstlichen Theokratie ist die Idee des *officium* immer gegründet in der der Macht und der Papst beschreibt sich selbst als *servus servorum Dei*, Diener der Diener Gottes. Deshalb verdammen alle Abhandlungen, die für den Gebrauch der Fürsten und künftigen Monarchen geschrieben wurden, die launische, selbstsüchtige, willkürliche oder tyrannische Ausübung der Macht.

Thomas bildet ein ganzes System von Garantien, um den Staat vor einer Regierung zu bewahren, die völlig gegen seine Natur ist.[4] Die Garantien sind in erster Linie präventiv: die Menschen sollen sorgfältig die Kandidaten für die Macht untersuchen, wenn sie ihre Herrscher wählen. Ähnliche Garantien existieren während der Re-

---

[3] *Summa Theol.*, I^{a}II^{ae}, q. 93, art. 3.

[4] *De Regimini Principium*, lib, I, cap. 6.

gentschaft, denn die Macht wird kontrolliert und ihr wird entgegengetreten durch die Intervention anderer Faktoren, wie wir in Kürze sehen werden. Es gibt auch ähnliche repressive Gewährleistungen: Widerstand gegen ungerechte Befehle eines Tyrannen ist nicht nur erlaubt, sondern sogar befohlen. Thomas verdammt ausdrücklich die Tyrannei: Man muss sehr weit gehen um einen ungerechten Herrscher zu ertragen, aber wenn ein Regime völlig unerträglich wird, muss man die Zuflucht zu der Macht nehmen, den König abzusetzen, was die Folge des Rechts ist, jemanden zu wählen. Diese Lehre gilt für jede Art der Regierung – Monarchie, Aristokratie oder Demokratie.

VI. *Das souveräne Volk und seine Repräsentanten.* Um die thomistische Auffassung des Sitzes der Macht der Autorität oder der Regierung im Staat richtig zu verstehen, müssen wir, wie er selbst, zwischen zwei Fragen unterscheiden: (*a*) Wo ist der Sitz der Souveränität in jedem Fall, (*b*) was ist die vollkommenste Form der Regierung?

(*a*) Von vornherein und in jedem Staat gehört Souveränität zur Gemeinschaft, d.h. der Gesamtsumme aller Individuen. Dies ist logisch, denn die einzige Wirklichkeit der Gesellschaft sind die Individuen und außer ihnen ist der Staat nichts. Außerdem ist der Gegenstand der Regierung das Gemeinwohl aller (2, 5). Die Lehre von der Souveränität des Volkes ist somit keine moderne Erfindung.

Doch die Gemeinschaft oder die Gesamtsumme der Individuen ist zu kompliziert, zu chaotisch, um ihre Macht ausüben zu können. Deshalb delegiert die Gemeinschaft für gewöhnlich, aber nicht notwendigerweise ihre Souveränität an einen Monarchen. Denn in der Theorie kann man stattdessen eine aristokratische oder eine republikanische Form der Regierung wählen. „Jemanden für das Gemeinwohl zu bestimmen gehört entweder zur ganzen Gemeinschaft oder zu jemandem anstelle der Gemeinschaft.“[5] Deshalb wird die Macht von Gott durch sukzessive Delegierung von Gott zu dem Menschen übertragen und vom Volk zu dem Herrscher. Das Volk hat die Macht als ein natürliches Recht, das durch nichts zerstört werden kann, und der König hat die Macht durch den Willen

[5] *Summa Theol.*, I[a], I[ae], q. 90, art. 3.

des Volkes und dieser kann sich ändern. Entsprechend gibt es am Grund der Delegation der Macht an den König durch das Volk einen Vertrag, rudimentär oder implizit in weniger vollkommenen Formen der Gesellschaft, und explizit in Staaten, die einen hohen Organisationsgrad erreicht haben. Dieser Wille des Volkes, der sich in verschiedener Weise kundtun kann, legitimiert die Ausübung der Macht. Nach Thomas' Meinung hat die Monarchie den Vorteil, dass sie Macht und Kraft nicht zerstreut. Er fügt jedoch hinzu, dass die Umstände entscheiden müssten, was zu einer bestimmten Zeit im politischen Leben einer Nation die beste Form der Regierung sei. Dies gibt seiner Theorie die wünschenswerteste Elastizität.

(*b*) Er selbst bevorzugt deutlich eine zusammengesetzte Form der Regierung, die er als die vollkommenste Verwirklichung der delegierten Autorität betrachtet. Es ist ein gemischtes System der Regierung, in dem die Souveränität dem Volk gehört, mit dem Eingriff einer gewählten Monarchie und einer Oligarchie, die die Ausübung der monarchistischen Macht modifiziert. „Das beste Regime wird in der Stadt oder dem Staat verwirklicht, in der einer allein allen anderen befiehlt auf Grund seiner Tugend, wo einige untergeordnete Herrscher bezüglich ihrer Leistung befehlen, wo aber gleichwohl die Macht allen gehört, entweder weil alle wählbar sind, oder einfach deshalb, weil alle Wähler sind. Dies ist der Fall bei einer Regierung, die auf einer glücklichen Kombination des Königtums, insofern es nur ein Haupt gibt, mit der Aristokratie besteht, insofern als viele bei der Regierung, gemäß ihrer Tugend, zusammenarbeiten, und der Demokratie oder Volksherrschaft, insofern die Herrscher aus dem Volk gewählt werden und es dem Volk zukommt, ihre Herrscher zu wählen."[6] Thomas von Aquin bekräftigt solche politischen Prinzipien wie ein universales Wahlrecht, das Recht der niedrigsten Menschen, zur Macht erhoben zu werden, die Anerkennung personaler Werte und Tugend, die Vorherrschaft der Vernunft bei denjenigen, die regieren, oder eine

[6] *Ibid.*, q. 97, art. 1. Die *servi* sind der politischen Rechte beraubt auf Grund der ihnen fehlenden angemessenen Kultur; das Gleiche gilt von Häretikern und Juden, weil die katholische Zivilisation als die einzig existierende betrachtet wurde und derjenige, der gegen die Kirche rebelliert, notwendigerweise auch gegen den Staat rebelliert. Hier stehen aber nur politische, nicht bürgerliche Rechte in Frage.

‚aufgeklärte Regierung', ein Wahlsystem, das die Mittel bereitstellt, dass die Würdigsten gewählt werden, und die Notwendigkeit der politischen Erziehung des Volkes.

VII. *Die Pflichten des Souveräns und die Legislative.* In Thomas' *De Regimine Principium* ist der Herrscher mit einer dreifachen Pflicht beauftragt: er muss das Wohl des Ganzen herstellen, bewahren und verbessern.[7] Zuerst muss er das Gemeinwohl durch die Bewahrung des Friedens unter den Bürgern herstellen (manchmal wird Frieden als *convenientia voluntatum* bezeichnet – als Übereinstimmung des Willens), und zwar durch die Ermutigung der Bürger zu einem moralischen Leben und durch die Bereitstellung ausreichender Mittel, die zum Lebensunterhalt notwendig sind. Ist das öffentliche Wohl eingerichtet, so besteht die nächste Pflicht darin, es zu bewahren. Dies wird erreicht durch die Sicherstellung genügender und fähiger Verwaltungsangestellter, durch die Zurückdrängung von Unordnung, durch die Ermutigung zur Moral durch ein System von Belohnung und Strafe und durch den Schutz des Staates vor Angriffen äußerer Feinde. Schließlich ist die Regierung beauftragt mit einer dritten Mission, die unbestimmter und elastischer ist: Missbrauch zu verhindern, Mängel zu beheben und für den Fortschritt zu arbeiten.

Das Mittel par excellence, durch das eine Regierung in der Lage ist, ihre dreifache Aufgabe zu erfüllen, besteht in der Macht der Gesetzgebung, d.h. des Befehlens. Die thomistische Theorie des menschlichen oder positiven Rechts, in seiner doppelten Form des *jus gentium*, des für alle Staaten gemeinsamen Völkerrechts, und des *jus civile*, des bürgerlichen Rechts, das individuellen Staaten eigen ist, ist eng verbunden mit der allgemeinen Theorie des Rechts. Denn das bürgerliche Recht ist nichts anderes als eine Ableitung vom Naturrecht, das letzt-lich aus dem ewigen Gesetz stammt (XIII, 2). Hier ist das Individuum erneut geschützt vor dem Staat, denn „in dem Maß, wie das positive Recht nicht mit dem Naturrecht übereinstimmt, ist es nicht länger ein Recht, sondern die Korruption eines Rechts".[8] Auf diese Weise wird das zufällige Element im

[7] Lib. I. cap. 15.

[8] Summa Theol., I^{a}, II^{ae}, q. 95, art. 2. Tribunale können das positive Recht durch das Naturrecht korrigieren, sofern dies notwendig ist.

positiven Recht verbannt, das entsprechend definiert ist als „eine rationale Anordnung im Hinblick auf das Gemeinwohl und promulgiert bei jemandem, der die Verantwortung für die Gemeinschaft hat. Das positive Recht passt die unmittelbaren Vorschriften des Naturrechts dem Recht der Nationen, die eine abstrakte Form haben und den konkreten Umständen an. So gebietet das Recht der Nationen, dass Übeltäter bestraft werden müssen. Das positive Recht bestimmt, welche Strafe angemessen ist, z.B. Gefängnis oder Geldstrafe. Das positive Recht ist deshalb gleichzeitig fest und variabel. Es wechselt mit den Umständen und es gehört zu den Aufgaben der Regierung es zu modifizieren, wenn es notwendig ist, wobei immer bedacht werden muss, dass jede Veränderung eines Gesetzes seine Kraft und Würde mindert.

VIII. *Soziale Gerechtigkeit und Gemeinwesen.* Das Gemeinwohl ist das Ergebnis einer guten Regierung und des Reiches der sozialen Gerechtigkeit. Thomas' Sicht der sozialen Gerechtigkeit ist es wert, beachtet zu werden. Um sie zu verstehen, müssen wir uns daran erinnern, was wir hinsichtlich des Begriffs des Rechts und der Gerechtigkeit gesagt haben.

Jedem Individuum steht ein Ausgleich für den Nutzen zu, der aus seinen Handlungen erfließt, und Recht ist schlicht die Forderung, dass diese gleiche Anpassung gemacht werden muss. Jedem das zu geben, was ihm zusteht, bedeutet gerecht zu sein. Wenn die Handlung der gesamten Gemeinschaft nützt, entsteht soziale Gerechtigkeit.

Soziale Gerechtigkeit erfordert zwei Elemente: (a) dass die Handlung eines individuellen Bürgers oder der verschiedenen Mitglieder einer Gemeinschaft in einer solchen Weise durchgeführt wird, dass die Gemeinschaft, d.h. alle ihre Mitglieder davon profitieren; (b) dass umgekehrt die Individuen von der Gemeinschaft einen angemessenen Ausgleich erhalten.

Soziale Gerechtigkeit, so verstanden, beruht auf einer erhabenen Bejahung der Solidarität und der wechselseitigen Hilfe. Jede menschliche Handlung, insofern sie in einer Gemeinschaft ausgeübt wird, hat ihre Reaktion auf die Gemeinschaft und schadet oder nützt in irgend-einer Weise der Gemeinschaft.[9] Der Soldat, der kämpft, der Arbeitnehmer der arbeitet, und der Student, der studiert, sind an sozialen Tätigkeiten beteiligt, die als solche zum Wohl der Gemeinschaft beitragen. Auch Ausbrüche individueller Leidenschaften tragen zur sozialen Gerechtigkeit bei und „können geregelt werden mit Blick auf das Gemeinwohl",[10] denn diese Ausbrüche intensivieren die Handlung und jede Handlung hat ihr Echo in der Gesellschaft.

Wer sorgt für die Konvergenz der individuellen Tätigkeiten? Ein individueller Bürger hat nicht die Qualifikation, die für diese Aufgabe notwendig ist. Sie gehört deshalb zu einem Herrscher, der alle guten Handlungen auf das Gemeinwohl hin ausrichtet. Er ist der *custos justi*, der *justum animatum*, der Wächter des Rechts, die lebendige Verkörperung der Gerechtigkeit. Er ist das architektonische Oberhaupt (*architectonice*). So wie der Baumeister der Kathedrale die Steinmetze, die Schreiner, die Bildhauer und die Maler überwacht, damit sie zur richtigen Zeit und am rechten Ort fertig sind, so verhält es sich auch mit dem Baumeister der sozialen Gerechtigkeit, der die verschiedenen sozialen Tätigkeiten überblickt und ihre relative Bedeutung für die Gemeinschaft berücksichtigt. Es gehört zur Aufgabe des Herrschers, zu sehen, dass der Soldat kämpft, dass der Student lernt und der Arbeitnehmer arbeitet etc., und dies in einer Weise, dass alle Handlungen ausgerichtet werden auf eine Harmonie des politischen Organismus. Er muss den besten Weg sicherstellen, damit die wechselseitige Hilfe so eingesetzt wird, dass alle davon profitieren. Sein Eingriff wird vor allem anderen die äußeren Handlungen regeln, so wie Sorgfalt in der Arbeit, Mäßigkeit und Sanftmut. Wo aber notwendig, wird er sich selbst mit Handlungen beschäftigen, die zum ‚internen Forum' gehören.[11]

Wie kommt der Herrscher der Durchführung dieser humanitären Mission nach? Er kann dies nur durch Gebote tun. Denn er besitzt die Tugend der Gerechtigkeit als Gebot (*per modum imperantis et dirigentis*), während die Bürger nur durch die Befolgung daran teil-

---

[9] *Ibid.*, q. 58, art. 5. Cf. art. 6.

[10] *Ibid.*, art. 9, ad. 3.

[11] *Ibid.*, art. 9.

haben (*per modum executionis*).[12] Auf den ersten Blick sieht dies nach einem unerträglichen und autokratischen Begriff aus, einer Anbetung des Staates, einem Etatismus, der dazu verpflichtet, individuelle Autonomie zu zerstören. Doch diese Befürchtungen sind grundlos. Die Theorie enthält in sich selbst das Korrektiv für solche Missbräuche, denen hier Tür und Tor geöffnet scheint, denn die Verwirklichung des Gemeinwohls ist das einzige Motiv, das die Eingriffe des Herrschers legitimieren kann. Und das Gemeinwohl *„ist nichts anderes als das Gut jedes einzelnen Mitglieds der Gemeinschaft"*.[13]

Eine willkürliche Herrschaft seitens des Herrschers, die *zerstörerisch für das individuelle Wohl* wäre – und daher auch für die Freiheit – stünde im Gegensatz zum Gemeinwohl und folglich für zur sozialen Gerechtigkeit.

Die Lehre der sozialen Gerechtigkeit konstituiert im thomistischen System ein Ideal, das die Regierungen nie vergessen dürfen und das sie unter den gegenwärtigen Bedingungen einer bestehenden Zivilisation in höchstem Maße verwirklichen müssen.

---

[12] *Ibid.*, q. 58, art. 1, ad. 5.

[13] *Ibid.*, q. 58, art. 9. Der Herrscher ist nicht nur der Schiedsrichter der sozialen und gesetzlichen Gerechtigkeit, sondern trägt auch bei zum Reich der besonderen Gerechtigkeit: zunächst durch die Verleihung von Ehren, Würden und Ämtern etc. an die Bürger in einer Weise, die den Erfordernissen der austeilenden Gerechtigkeit angemessen ist (*actus distributionis, qui est communium bonorum, pertinet solum ad praesidentem communibus bonis*. Die Handlung der Austeilung des Gemeinwohls betrifft nur die eine Herrschaft über das Gemeinwohl. I[a], II[ae], q. 61, art. 1); zweitens durch die Betonung der privaten Rechte (*jus*) der Bürger in ihren Gerichten, die für die kommutative Gerechtigkeit erforderlich sind (*determinare jus, judicium ... importat ... definitionem vel determinationem justi sive juris*. Es kommt dem Richter zu, zu definieren oder zu bestimmen, was recht oder gerecht ist. Q. 60, art. 1). Thomas verdammt jedes Intrigieren im Gericht (*acceptio personarum*), und in Übereinstimmung mit seinem moralischen Optimismus glaubt er mit den römischen Anwälten, dass der Beschuldigte stets den Vorteil des Zweifels haben sollte (ibid., q. 63).

Kapitel XVI

Der Aufbau der Wissenschaften

I. Logik als Methode der Lehre und als Zweig der Philosophie
II. Das Urteil
III. Argumentation
IV. Wissenschaftliche Systematisierung und ihre Methoden

I. *Logik als Methode der Lehre und als Zweig der Philosophie.* Thomas von Aquin fragt, ob die Logik eine Kunst oder eine Wissenschaft sei, und er kommt zu dem Schluss, dass sie beides ist.

Tatsächlich betrachtete das dreizehnte Jahrhundert die Logik als eine Kunst und bewahrte die Praxis der Logikübungen. An den Universitäten in Paris und Oxford wurden die Studierenden in der Analyse von Syllogismen, der Zurückweisung von Sophismen und in der Diskussion von Argumenten für und gegen eine bestimmte gegebene These trainiert. Diese Art der Logik, die im frühen Mittelalter zwischen den sieben freien Künsten unter dem Namen Dialektik angeführt wurde, ist im strikten Sinne kein Bereich der Philosophie.

Doch Seite an Seite mit dieser instrumentellen Logik, die zur Disziplinierung des Geistes bestimmt war, wie die Athletik die Muskeln trainiert, kannten und kultivierten die Philosophen des dreizehnten Jahrhunderts eine philosophische Logik, die im Studium der Architektur der menschlichen Erkenntnis bestand oder in der Annahme der Methoden durch den Geist zur Konstruktion der partikulären oder philosophischen Wissenschaften. In dieser Bedeutung des Ausdrucks ist die Logik eine Wissenschaft. Ihr Gegenstand ist der gesamte Inhalt der Erkenntnis, mit dem Ziel die Gesetze zu studieren, die ihre Koordination, ihre Synthese und Systematisierung beherrschen; und so wie die Erkenntnis die objektive Realität erreicht, führt uns auch die Logik in letzter Analyse zur Wahrheit und Gewissheit. Man kann sagen, dass die Scholastiker im Reich der Logik Aristoteles nicht nur folgten, sondern ihn vervollständigten.

II. *Das Urteil.* Die elementarste Konstruktion der Erkenntnis ist das Urteil, oder die Vorstellung, dass der Inhalt einer Repräsentation (z.B. ‚weiß') auf etwas anderes (z.B. ‚Schnee') zutrifft oder nicht. Es besteht in der Vereinigung und Uneinigkeit zweier Inhalte der Repräsentation (II, 4).

Die Wissenschaft hat nur mit einer Art des Urteils zu tun, nämlich dem notwendigen oder universalen Urteil, das als ‚Gesetz' bekannt ist. *Scientia non est de particularibus.* – Wissenschaft hat nichts mit partikulären Fällen zu tun, oder mit lediglich ‚atomaren Propositionen'. Das logische Gesetz oder Urteil kann abhängig oder unabhängig sein von Erfahrung. Dementsprechend gehört es zu einer von zwei Klassen des Urteils, die wir zuvor als Existenzialurteile oder Urteile der idealen Ordnung bezeichnet haben (IV, 2).

Wir wollen eine der beiden Klassen etwas detaillierter betrachten. (*a*) Mit Urteilen der idealen Ordnung werden wir im Prozess der reinen Deduktion konfrontiert. Ein Verständnis und ein Erfassen des Gegen-standes und des Prädikats sind ausreichend, um die Notwendigkeit ihrer Verbindung evident zu machen – wie es bei der Annahme des Widerspruchsprinzips genug ist, die Bedeutung von Sein und Nichtsein zu verstehen.

Mathematische Urteile sind von dieser Art; und der einzige Unterschied zwischen diesen und den beherrschenden Prinzipien der Erkenntnis ist der, dass Letztere die Grundlage aller Bejahungen sind, während mathematische Urteile mit einem speziellen Gebiet verbunden sind, nämlich der Quantität.

Außerdem gehören die Urteile der idealen Ordnung, mit denen die Mathematik sich beschäftigt, zu denselben zwei Typen, die wir bereits im Zusammenhang mit den beherrschenden Prinzipien diskutiert haben. Deshalb erfasst die Mathematik:

(α) Urteile, in denen das Subjekt, in seinen wesentlichen Elementen betrachtet, das Prädikat enthält, wie z.B. $2 + 2 = 4$.

(*β*) Urteile, in denen das Prädikat nicht im Subjekt enthalten ist, obwohl ein Vergleich des Inhalts beider ausreichend ist, um die Notwendigkeit der Verbindung evident zu machen. Dass jede Zahl entweder ungerade oder gerade ist, so bemerkt Thomas von Aquin, ist ein Urteil, das zum zweiten Typ der Urteile gehört. Der Inhalt von *ungerade* oder *gerade* wird nicht im Begriff der *Zahl* erfasst, doch durch den bloßen Vergleich der beiden zeigt sich, dass ungerade oder gerade eine notwendige Eigenschaft jeder Zahl ist.

(*b*) Mit Urteilen der existenziellen Ordnung sind wir im Prozess der Induktion konfrontiert. Ein Verständnis der Bedeutung von Chlor und Sauerstoff ist nicht ausreichend, um das Gesetz zu entdecken, das ihre Verbindung beherrscht. Beobachtung und Erfahrung sind erforderlich, um zu entdecken, wie sie miteinander reagieren; und man gelangt zu dem Gesetz durch die Anwendung solcher beherrschenden Prinzipien wie derjenigen des zureichenden Grundes und der Kausalität auf die Beobachtung und Erfahrung. Denn diese beiden Prinzipien rechtfertigen in der Schlussfolgerung, dass die Konvergenz und Beständigkeit der beobachteten Phänomene (wie zum Beispiel das Kochen von Wasser durch die Tätigkeit der Hitze) nur erklärt werden kann durch Bezugnahme auf eine Tendenz von Teilen der Substanz, in einer bestimmten Weise tätig zu werden, eine Tendenz, die beständig ist und auf der Natur der in Frage stehenden Dinge beruht (daher ist es die *Natur* von Wasser, dass es bei 100° Celsius kocht). Die Scholastiker studierten die Methoden des Experiments nicht mit Sorgfalt und im Detail. Dies war zu erwarten, wenn man sieht, dass die experimentellen Wissenschaften zu dieser Zeit in einem unentwickelten Zustand waren. Doch unter ihnen finden wir eine scharfe Analyse der Methoden der Induktion – hauptsächlich bei Johannes Duns Scotus, der wenige Jahre nach Thomas erblühte – oder der Weise, durch die wir von der Beobachtung einzelner Fälle zu einem Gesetz übergehen, das sie beherrscht.

III. *Argumentation.* Der Prozess der Argumentation ist selbst ein System von Urteilen, weil er darin besteht, dass man von bereits bekannten Urteilen übergeht zu Urteilen, die weniger oder gar nicht bekannt sind. Der Syllogismus, der der einfachste Ausdruck des Argumentierens ist, besteht aus drei Urteilen. Er beginnt mit Äußerung eines Gesetzes oder einer notwendigen Relation, das oder die auf der Natur der Dinge beruht (z.B. „es gehört zur Natur des geistigen Seienden einfach zu sein, d.h. keine Teile zu haben"), und fährt fort mit dem Aufweis, dass dieses Gesetz auf alle oder bestimmte Dinge zutrifft, gesehen als unter den Umfang des Gesetzes fallend (z.B. „die menschliche Seele, die zu den geistigen Dingen gehört, ist ausgestattet mit Einfachheit"). Das Gesetz, das die Grundlage des Syllogismus ist, gehört zu beiden Klassen des Urteils, wie es auch abhängig oder unabhängig ist von Erfahrung. Das Ergebnis des Syllogismus ist ein neues Urteil, so dass das Urteil die Einheit der logischen Konstruktion ist, mit der alle Erkenntnis beginnt und endet.

IV. *Wissenschaftliche Systematisierung und ihre Methoden.* 1. Die ersten Prinzipien jeder Wissenschaft. – Isolierte Argumentationen können keine Wissenschaft bilden. Jene sind ihrerseits miteinander verbunden wie die Glieder einer Kette: jedes findet seine Rechtfertigung in einer früheren Schlussfolgerung. Es muss aber einen Anfang des Prozesses geben – es muss etwas geben, an dem die ganze Kette hängt. Ein unendlicher Regress würde jede Erkenntnis unmöglich machen.

Deshalb gibt es an der Basis jeder und aller Wissenschaften gewisse nicht beweisbare Urteile, die bekannt sind als erste Prinzipien der in Frage stehenden Wissenschaft. Sie formulieren gewisse sehr einfache und evidente Beziehungen und sind abgeleitet von dem Gegenstand der Wissenschaft. Ihre Artikulierung kann Beobachtungen voraussetzen oder auch nicht, je nach der Natur des Gegenstandes einer Wissenschaft. Daher ist 1 + 1 = 2 ein Prinzip der Arithmetik; dass das gemeinschaftliche Leben aus Gründen der individuellen Mitglieder geschieht, ist ein Prinzip der Sozialwissenschaft. Diese Prinzipien, die keine weitere Definitionen oder Beweise zulassen, konstituieren die Grenzen und Begrenzungen jeder Wissenschaft. Sie beruhen allgemein auf ‚Definitionen' insofern sie klar machen, was das Objekt ist, das von jeder einzelnen Wissenschaft studiert wird. So sehen wir, dass neben den beherrschenden Prinzipien für *alle* Erkenntnis, die allen Wissenschaften gemeinsam sind, wie dem Kontradiktionsprinzip, jede Wissenschaft ihre eigenen fundamentalen Prinzipien hat.[1]

2. Material- und Formalobjekt jeder Wissenschaft. – Die zahlreichen Urteile, die zusammen mit ihren Definitionen und ersten Prinzipien eine Wissenschaft bilden und deren Grundlage konstituieren, bilden ein kohärentes Ganzes, ein einheitliches System. Die Einheit, die sich durch das Ganze hindurchzieht und die mehr oder weniger evident ist hinsichtlich der Bedeutung jeder Sektion, hängt vom ‚Formalobjekt' der Wissenschaft ab. Was bedeutet dies?

Die Scholastiker stellten heraus, dass in jeder Wissenschaft der Raum gegeben ist, zwischen den Dingen selbst, die studiert werden – das rohe Material der Wissenschaft, ihr ‚Materialobjekt' –, und dem Gesichtspunkt bzw. dem Aspekt zu unterscheiden, von dem aus dieses Material betrachtet wird (‚Formalobjekt'). Zum Beispiel ist der menschliche Körper das Material, das von der Physiologie studiert wird, doch diese betrachtet ihn nur von einem Gesichtspunkt aus, nämlich von dem der ausgeübten Funktionen seiner Organe. Dieser Gesichtspunkt wird erfasst als Ergebnis einer Abstraktion, so dass die Abstraktion (II, 3) der generative Prozess ist, der aller Wissenschaft zugrunde liegt.

---

[1] Schema wissenschaftlicher Urteile. Wenn wir uns erinnern, dass es zwei Typen von Urteilen gibt, nämlich ideale und existenziale Urteile (IV, 2), und dass der erste Typ zwei Klassen enthält, können wir das folgende Schema der Urteile festlegen, das sich in jeder Wissenschaft findet.

A. Axiome, die sich auf alles Seiende beziehen und allen Wissenschaft gemeinsam sind: dies sind Urteile der idealen Ordnung, besonders der zweiten Klasse.

B. Urteile, die gewissen Wissenschaften eigen sind.

1. Deduktive Wissenschaften: Urteile der idealen Ordnung (beider Klassen). Diese sind entweder:

(a) die fundamentalen Prinzipien der in Frage stehenden Wissenschaft; unmittelbare und selbstevidente Urteile. Beispiel: 1=1;

(b) mittelbare Urteile, die eines Beweises bedürfen, z.B. komplizierte Theoreme der Geometrie;

2. Experimentelle Wissenschaften: Urteile der existenziellen Ordnung.

(a) unmittelbare und selbstevidente Urteile, z.B. „ich denke, also bin ich."

(b) mittelbare Urteile, z.B. „Wasser kocht bei 100°C."

Jede Begründung oder jedes Prinzip muss in irgendeiner Weise das Formalobjekt der in Frage stehenden Wissenschaft ausdrücken. Daher sollte jede Theorie der Physiologie mit der funktionalen Rolle der Organe zu tun haben. Es ist das ‚Formalobjekt', das jeder Wissenschaft ihren unterscheidenden Charakter gibt und sie zu dem macht, was sie ist – daher die Bezeichnung als *formales* Objekt.[2] Woraus folgt, dass zwei Wissenschaften denselben Gegenstand haben können, dasselbe Rohmaterial; aber wenn sie nicht identisch sind, muss jede der beiden dieses Material von einem verschiedenen und getrennten Gesichtspunkt aus studieren. Daher studiert auch die Anatomie den menschlichen Körper, aber vom Gesichtspunkt der Struktur aus. Wenn sie auch mit der Funktion befasst wäre, würde es sich um einen Hausfriedensbruch handeln; sie würde sich selbst mit der Physiologie identifizieren und es würde damit die eine oder die andere Wissenschaft verschwinden.

Thomas wendet diese Theorie der Spezifikation der Wissenschaften auf die Philosophie und die Theologie an, die in einem gewissen Maße dasselbe Materialobjekt, jedoch ein völlig verschiedenes Formalobjekt haben. „Ein Unterschied im Gesichtspunkt, von dem der Geist den Gegenstand betrachtet, beinhaltet eine Verschiedenheit in den Bereichen der Erkenntnis (*diversa ratio cognoscibilis diversitatem scientiarum inducit*). Der Astronom und der Physiker können beide dieselbe Schlussfolgerung prüfen – dass die Erde z.B. rund ist: der Astronom tut dies mit den Mitteln der Mathematik (d.h. durch Abstraktion von der Materie), der Physiker jedoch durch die Mittel der Materie selbst. Deshalb gibt es keinen Grund, warum solche Dinge, die man von der philosophischen Wissenschaft lernen kann, insofern sie durch die natürliche Vernunft erkannt werden können, nicht ebenso durch eine andere Wissenschaft gelehrt werden können, sofern sie in die Offenbarung fallen. Deshalb unterscheidet sich die Theologie, die in der heiligen Lehre enthalten ist, von der Art Theologie, die Teil der Philosophie ist.[3]

Dies begründet, was wir zu Anfang sagten, dass die scholastische Philosophie völlig verschieden von der scholastischen Theologie

---

[2] Im *Formalen* finden wir die Bestimmung, die zur *Form* gehört.
[3] Summa Theol., Ia, q. 1, art. 1.

ist, trotz der Beziehung zwischen beiden, über die am Ende dieser Schrift eine kurze Bemerkung gemacht werden wird.

Auf diesen Begriffen des Formal- und Materialobjekts beruhen die scholastische Klassifikation der Wissenschaften – ob diese nun Einzelwissenschaften sind, oder allgemeine Wissenschaften, d.h. philosophische Wissenschaften – und die Einteilung der Philosophie (Kapitel XVIII).

Kapitel XVII

Der ästhetische Aspekt des Universums

I. Kunst, Natur und das Schöne
II. Der objektive und der subjektive Aspekt des Schönen

I. *Kunst, Natur und das Schöne.* Als Zeitgenossen einer enormen künstlerischen Entwicklung, aufgrund derer das dreizehnte Jahrhundert zu den größten kreativen Epochen zählt, vernachlässigten die Scholastiker nicht das Studium des Schönen in der Kunst. Jedes äußere Produkt des Menschen kann schön sein – das eines Handwerkers, der Möbel herstellt, ebenso wie das Bild eines Malers oder die Kathedrale eines Baumeisters. Es gibt keine wesentliche Unterscheidung zwischen Künsten und bildenden Künsten. Wenn jemand etwas bereits Existierendes umwandelt, ist er ein Künstler und das Kunstwerk ist, wie Dante sagt, auf Grund dieses Aktes eine göttliche Schöpfung.[1]

Auch die Natur ist schön. Der hl. Bonaventura vergleicht das Universum mit einer gewaltigen Symphonie; Duns Scotus vergleicht es mit einem prachtvollen Baum. Denn das Universum bringt Ordnung und Zielgerichtetheit zum Ausdruck.

Aber das Schöne wird nicht von einem besonderen Gesichtspunkt der Natur und der Kunst betrachtet. Die scholastische Philosophie betrachtet es in allgemeiner Weise und die Ästhetik wird eine Abteilung der Metaphysik und der Psychologie. Wir wollen daraus einige besondere Punkte auswählen.

II. *Der objektive und der subjektive Aspekt des Schönen.* Vor allem hat das Schöne einen realen und objektiven Aspekt: es ist nicht ledig-

---

[1] Siehe Maurice de Wulf: *L'oeuvre d'art et la beauté.* Conférences philosophiques, Louvain, 1920, Kap.VIII und IX.

lich eine mentale Einstellung. Das Schöne gehört zu gewissen äußeren Dingen. Wo kann es gefunden werden? Bei solchen Dingen, die eine Ordnung realisieren und manifestieren, die verschiedentlich beschrieben wurde: als *commensuratio partium elegans* bei Albert dem Großen, als *aequalitas numerosa* bei Bonaventura oder als *debita proportio* bei Thomas von Aquin. Vielfalt der Teile, Verschiedenheit und Einheit eines Plans, der die verschiedenen Teile zu einem einheitlichen Ganzen verbindet: dies sind die Elemente der Ordnung, die sich bei allem Schönen finden. Das Schöne eines Seienden ist die Blüte der Wirklichkeit, die es seiner Natur entsprechend besitzen sollte und die natürliche Vollkommenheit genannt wird. Dementsprechend ist die Einheit, die das Schöne ausdrückt und dem jedes wirkliche Seiende seine fundamentale Bestimmung verdankt, eine Funktion des spezifischen Prinzips, das wir als dessen Form bezeichnet haben (IX, 4). „Das Schöne vereint alles, das es berührt, und es ist dazu in der Lage dank der Form des Seienden, die es in Erhabenheit ausbreitet.“[2] Vollkommenheit und Form sind beide teleologische Funktionen. Das ist der Grund, warum das Schöne eines Dinges von dem Schönen eines anderen Dinges verschieden ist. Ein Künstler, der das Bild Christi malen möchte, „muss im Gesicht das Licht seiner Göttlichkeit offenbaren“.[3]

Doch nicht alles, was auf diese Weise geordnet ist, ist schön. Ordnung wird nur dann ästhetisch, wenn *sie mit klarer und nicht unsicherer Sprache zum menschlichen Verstand spricht*, durch das Mittel der Empfindung, und so dem Geist die Freude desinteressierter Betrachtung bietet. Nur der Verstand, dessen Gegenstand das Seiende ist, ist in der Lage zu der ‚Form‘ durchzudringen und sie in der Mitte des Sinneneindrucks und der materiellen Daten, in denen sie sich manifestiert, zu erkennen. Hier behauptet die Scholastik erneut ihren Intellektualismus.

Deshalb wird der objektive Aspekt des Schönen durch den subjektiven Aspekt oder den Eindruck, den das Schönen in uns hervorbringt, vervollständigt. Die Ordnung der Dinge ist notwendigerweise an einen Akt der geistigen Kontemplation angepasst, von

[2] Albertus Magnus, *Opusc. depulcro* (edit. Uccelli).
[3] In Davidem, Ps. 44, 2.

dem sie der Inhalt und der Terminus ist. Oder, wie die Scholastiker sagen würden, Ordnung, und vor allem die Form, muss dem Geist erstrahlen. Dieser Zusammenhang zwischen dem schönen Gegenstand und dem erkennenden Subjekt wird in der Theorie der *claritas pulcri* gesehen, des Glanzes der Schönheit. Je mehr die Form hervorleuchtet, desto größer und tiefer wird der Eindruck auf die menschliche Seele sein. Die ‚substanzielle Form' wird aus der Vollkommenheit eines Typs oder einer Art hervorbrechen, wie zum Beispiel wenn eine griechische Statue das typische menschliche Sein darstellt; oder häufiger noch wird eine ‚akzidentelle Form' hervorleuchten[4], wie zum Beispiel die Haltung einer Mutter, die ihr Kind anlächelt. Der Glanz der Form ist ein Prinzip der Einheit, das vom Künstler im Werk der Kunst frei gewählt wird.

Deshalb gehört die Schönheit nicht ausschließlich zu Dingen, wie die Griechen dachten, und auch nicht nur zum Subjekt allein, das auf das sie wirkt und das genießt, wie einige zeitgenössische Philosophen behaupten. Sondern sie ist sozusagen in der Mitte zwischen Objekt und Subjekt und sie besteht in der Entsprechung zwischen beiden.

---

[4] Albertus Magnus, *Opusc. de pulcro* (edit. Uccelli). Notio pulcri, in universali consistit in resplendentia formae (accidentalis) super partes materiae proportionatas, vel super diversas vires vel actiones.

Kapitel XVIII

Klassifikation der Wissenschaften und Einteilung der Philosophie

I. Einzelwissenschaften und allgemeine Wissenschaften
II. Einteilung der Philosophie
III. Spekulative Philosophie
IV. Praktische Philosophie

I. *Einzelwissenschaften und allgemeine Wissenschaften.* Während des dreizehnten Jahrhunderts besaß der Westen eine umfassende Klassifikation der Wissenschaften, die man wohl als eine der charakteristischen Leistungen des mittelalterlichen Geistes betrachten kann und die in ihren hauptsächlichen Merkmalen bis in die Zeit von Wolff fortbestand.

Auf der niedrigsten Stufe finden wir die besonderen oder Einzelwissenschaften – die für die Scholastiker dasselbe waren wie die experimentellen Wissenschaften. Dies waren die Astronomie, die Botanik, die Zoologie, die menschliche Physiologie, Medizin und auch bürgerliches und Kirchenrecht, die im zwölften Jahrhundert getrennte und autonome Wissenschaften wurden.

Sie leiteten ihre Besonderheit ab (a) vom Materialobjekt, das ein einzelnes ist. Die Einzelwissenschaften sind nur mit einem begrenzten Bereich der körperlichen Welt befasst. Die Botanik zum Beispiel hat nicht mit ökonomischer Wohlfahrt zu tun. (b) Die Besonderheit der Einzelwissenschaften leitet sich weiterhin von ihrem Formalobjekt ab, das, als Folge dessen, was wir gerade gesagt haben, nicht von aller Wirklichkeit begriffen oder abstrahiert werden kann, sondern nur von einem mehr oder weniger begrenzten Bereich der Wirklichkeit.

Aber das detaillierte Studium der sinnlichen Welt durch bestimmte Bereiche befriedigt nicht den menschlichen Geist. Nach all den Details suchen wir nach einer umfassenden Gesamtschau und diese kann nur von der Philosophie geliefert werden. Der Mensch der Wissenschaft ist wie ein Fremder, der eine Stadt Stück für Stück erforscht und nacheinander durch die Straßen, Alleen, Parks, Museen und Gebäude wandert. Wenn er schließlich in allen Richtungen die Stadt durchwandert hat, bleibt noch ein anderer Weg mit der Stadt bekannt zu werden: von der Spitze eines Turms aus würde die Stadt sich ihm von einem anderen Gesichtspunkt präsentieren – in ihren Einteilungen, dem allgemeinen Plan und der relativen Anordnung ihrer Teile. Der Philosoph ist solch ein Mensch: er sieht die Welt sozusagen von oben und versucht, ihre allgemeine Struktur zu verstehen, denn Philosophie ist eine generalisierte Erkenntnis der Dinge, eine synthetische Sicht der materiellen Welt, von der allein wir eine direkte und echte Erkenntnis haben, und von dort aus, durch Ausdehnung, auf alles das, was ist oder sein kann (III, 2). Sie ist menschliche Weisheit (*sapientia*), Wissenschaft *par excellence*. Diese allgemeine Wissenschaft oder Philosophie bildet die zweite Stufe der Erkenntnis.

Im Gegensatz zu den Einzelwissenschaften leitet die Philosophie sich (a) von ihrem Materialobjekt ab, das alles umfasst, was existiert oder existieren kann.

Der Mensch, der mit einem einzigen Blick von der Spitze eines Turms die ganze Stadt erblickt, schließt keinen einzigen Teil von seiner Erkenntnis aus, sondern er blickt nur auf die allgemeinen Aspekte des Ganzen, dasjenige, was zu allem gehört und nicht nur zu bestimmten Teilen. Auf dieselbe Weise erfasst die Philosophie, anstatt sich nur mit einem Bereich der Wirklichkeit zu beschäftigen, alles Wirkliche.

(b) Die Philosophie leitet sich auch von ihrem Formalobjekt her, das auf einem Gesichtspunkt beruht, der jedes Wirkliche betrifft und in der gesamten Wirklichkeit gefunden wird. Tatsächlich ist diese umfassende Sicht nur möglich, weil der Geist in der Unermesslichkeit der Realität gewisse Aspekte erfasst, die überall gegenwärtig sind und die daher zur Wesenheit der Wirklichkeit gehören. Philosophie wird bestimmt als die Untersuchung aller Dinge durch das, was in ihnen grundlegend und allgemein ist. *Sapientia est scientia quae considerat primas et universales causas*.[1]

Mit anderen Worten, Philosophie ist eine Wissenschaft, die zusammenfügt oder eine Synthese bildet, denn das Material, das sie studiert, und der Gesichtspunkt, von dem aus sie es studiert, sind beide durch Allgemeinheit charakterisiert. Was sind diese allgemeinen und umfassenden Gesichtspunkte oder Aspekte, die der menschliche Geist im Studium des Universums entdeckt? Diese Frage führt uns zur Einteilung der Philosophie.

II. *Einteilung der Philosophie*. Beginnend mit einer bekannten Klassifikation Aristoteles' bemerkt Thomas von Aquin, dass die philosophischen Wissenschaften in einer ersten Unterteilung in theoretischer und praktischer Philosophie bestehen. Der menschliche Geist (denn wie wir gesehen haben, ist alle Wissenschaft eine Leistung des Geistes) kann mit dem Wirklichen im Allgemeinen oder der universalen Ordnung auf zweifache Weise in Kontakt treten. Zunächst in der Weise, wie diese universale Ordnung in sich und für sich selbst ist (*θεορειν*, betrachtend), indem man auf ihre allgemeinen Merkmale blickt ohne diese Erkenntnis uns selbst unterzuordnen. Dies konstituiert die spekulative oder theoretische Philosophie, deren Ziel die Erkenntnis um ihrer selbst willen ist. In der zweiten Weise kann man die universale Ordnung nicht als solche studieren, sondern insofern sie in Beziehung steht zu unserem bewussten Leben (erkennen, wollen, hervorbringen). In diesem Sinne wird dieser Teil der Philosophie praktisch genannt (*πράττειν*, tätig sein, handeln).

Jede dieser zwei Gruppen besteht aus weiteren Unterabteilungen. Die spekulative Philosophie umfasst *Physik* (im aristotelischen Sinn),[2] Mathematik und Metaphysik. Die praktische Philosophie beinhaltet Logik, Moralphilosophie und Ästhetik. Wir wollen diese verschiedenen Klassifikationen betrachten im Lichte des scholasti-

---

[1] *In Metaph.*, I. lect. 2.

[2] Von *φύσις*, Natur. Diese sollte nicht verwechselt werden mit der „Physik“ im modernen Sinne, die eine Einzelwissenschaft ist.

schen Unterrichts unter Berücksichtigung der Aufbaus der Wissenschaften.

III. *Spekulative Philosophie.* Die Einteilung der spekulativen Philosophie in Physik, Mathematik und Metaphysik entspricht nicht den drei verschiedenen Bereichen des Seienden im Universum[3], sondern resultiert aus der unterschiedlichen Tiefe des Gesichtspunkts oder dem Abstraktionsgrad, mit dem wir die Gesamtheit der Dinge studieren. Physik, Mathematik und Metaphysik studieren das materielle Universum als Ganzes, aber jede der drei studiert einen bestimmten Aspekt der ganzen Wirklichkeit wie Veränderung, Quantität beziehungsweise das Sein.

(a) Physik. Alles unterliegt dem Strom der Veränderung, den die Scholastiker *motus* (von *moveri*) nannten. Das Studium der Veränderung in ihrer innersten Natur und in ihren Implikationen ist der erste Schritt zu einem allgemeinen Verständnis des Universums. Es ist die Aufgabe, die zur Physik oder Naturphilosophie gehört. Weil der Mensch einen Teil der sinnlichen Wirklichkeit bildet, ist die Psychologie ein Bereich der Physik und die erkenntnistheoretische Untersuchung gehört zur Psychologie.

(b) Mathematik. Es gibt im sinnlichen Universum aber etwas Tiefgründigeres als Veränderung, nämlich Quantität. Denn jede Veränderung ist eng verbunden mit Bedingungen von Raum und Zeit, in denen die Veränderung geschieht, während im Gegensatz dazu Quantität, wie sie studiert wird mit Zahlen und geometrischen Figuren, ohne die sinnlichen Bedingungen des realen quantifizierten Seienden studiert wird. Die Mathematik, die Quantität und ihre Implikationen studiert, ist für die Scholastiker eine allgemeine und deshalb philosophische Wissenschaft, eine Konzeption, zu der die Gegenwartsphilosophie wieder zurückkehrt.

[3] Wie in der Einteilung, die von Wolff eingeführt wurde, für den die spekulative Philosophie beschäftigt ist mit (a) der Natur außer dem Menschen, d.h. Kosmologie, (b) dem Menschen (Psychologie) und (c) mit Gott, d.h. natürlicher Theologie oder Theodizee. Wolff reserviert den Namen Metaphysik für Betrachtungen, die allen drei Bereichen gemeinsam sind.

(c) Metaphysik. Zuletzt und oberhalb aller Quantität und Veränderung erfasst die Metaphysik in den Erfahrungsgegenständen den tiefsten Aspekt der Wirklichkeit, die Schichten, die allen anderen unterliegen: das Seiende und die allgemeinen Bestimmungen des Seins wie Wesenheit, Existenz, Substanz, Einheit, Gutheit, Tätigkeit, Ganzheit, Kausalität etc. Diese allgemeinsten Aspekte der Realität konstituieren eine synthetische Sicht des materiellen Universums. Doch während Veränderung und Quantität, die zeitliche Dauer beinhaltet bzw. die das primäre Attribut der Körper ist, vom materiellen Zustand des Universums abhängt, ist dieser Zustand nicht wesentlich für den Begriff des Seienden oder andere Begriffe, die mit diesem verbunden sind. Wenn es übersinnliche Seiende wie Gott oder die Seele geben sollte, wären diese metaphysischen Begriffe, mit gewissen notwendigen Korrekturen, auch auf diese Seienden anwendbar. In dieser Weise bilden natürliche Theologie und der nichtexperimentelle Teil der scholastischen Psychologie einen echten Teil der Metaphysik.

IV. *Praktische Philosophie* ist ähnlich allgemein in ihrem Charakter, weil wir durch unsere bewussten Kräfte des Wissens, Wollens und des Hervorbringens in eine Beziehung zur Wirklichkeit treten. Diese allgemeine Kategorie beinhaltet Logik, Moralphilosophie oder Ethik und die Philosophie der Kunst oder Ästhetik. Die Logik erstellt ein Schema alles dessen, was wir wissen, und die Methode der Konstruktion der Wissenschaften; weil es nichts gibt, das der menschliche Geist nicht erkennen kann – wenn auch in einer unvollkommenen Weise –, ist Logik eine allgemeine Wissenschaft. Wie schon gesagt, studiert die Ethik das Reich der menschlichen Handlungsweisen und es gibt nichts im menschlichen Leben, das nicht Gegenstand der Moral werden kann. Es sollte beachtet werden, dass Politik und häusliche Ethik, wie die Individualethik, lediglich Anwendungen der allgemeinen Moralphilosophie darstellen. Die Kunstphilosophie handelt von der Ordnung, die vom Menschen äußerlich durch die Leitung der Vernunft erreicht wird, wie wenn er z.B. „ein Haus baut oder ein Möbelstück herstellt". Die Philosophie der Kunst schließt hier das Studium der Mechanik ebenso ein wie das der bildenden Kunst.

Es ist leicht zu erkennen, dass wir diese philosophische Klassifikation in den vorhergehenden Kapiteln übernommen haben.[4]

Die Einzelwissenschaften gehen der Philosophie voraus und die Letztere muss in einem gewissen Sinne auf Ersterer basieren. Die Programme der Fakultäten der freien Künste an den Universitäten von Paris und Oxford waren von diesem Prinzip inspiriert. Die Anordnung, durch welche die Einzelwissenschaften die Schwelle der Philosophie bilden, gibt der Letzteren eine experimentelle Grundlage oder, wie wir heute sagen sollten, eine wissenschaftliche Grundlegung. Allgemeine Auffassungen setzen besondere oder detaillierte Auffassungen in einem gewissen Umfang voraus.

---

[4] Für die Mathematik und die Kontroversen im 13. Jahrhundert über Zahlen, Quantität, mathematische Unendlichkeit und so weiter ist ein klares Verständnis dieser Fragen für unser gegenwärtiges Ziel nicht wesentlich und so übergehen wir schweigend diese Fragen. Es sollte angemerkt werden, dass in der oben angeführten Klassifikation die Kunstphilosophie unter die praktischen Wissenschaften eingeordnet wurde. Wir können sie jedoch auch stattdessen als eine dritte und getrennte Gruppe behandeln, die den poetischen Wissenschaften des Aristoteles entspricht.

Das folgende Schema ist eine scholastische Klassifikation der Wissenschaften:

A. Einzel- oder Experimentalwissenschaften;

B. Allgemeine oder philosophische Wissenschaften:

1. Theoretische:
   - (a) Physik (in der antiken Bedeutung des Ausdrucks) oder Philosophie von dem, was sich verändert, einschließlich Psychologie;
   - (b) Mathematik: Philosophie der Quantität;
   - (c) Metaphysik: Philosophie des Seins;
2. Praktische:
   - (a) Moralphilosophie, individuell und sozial;
   - (b) Logik;
   - (c) Ästhetik.

Kapitel XIX

Lehrmäßige Charakteristik der Scholastik

I. Mäßigung und der Sinn für die Grenze
II. Lehrmäßige Kohärenz
III. Philosophie und katholische Theologie

I. *Mäßigung und der Sinn für die Grenze.* Nach dieser kurzen und elementaren Übersicht über die hauptsächlichen philosophischen Lehren des Aquinaten sind wir in der Lage gewisse Charakteristika einer systematischen Natur zu entdecken, die überall evident werden. Zwei dieser Charakteristika fallen dem Studenten auf einmal auf: Mäßigkeit und der Sinn für die Grenze; Kohärenz und Interdependenz.

Der Sinn für Maß und Gleichgewicht erscheint überall, weil die Scholastik den Naturalismus des Aristoteles mit Hilfe des Idealismus Platons und Augustins vervollständigt. So bringt sie zusammen, was das Beste der griechischen Philosophie ist, festigt ein Element durch das andere und passt das Ganze der westlichen Mentalität an.

Der Leser wird leicht erkennen, dass diese Mäßigung in der ersten Lehre, die wir behandelten, gefunden wurde, in der Erkenntnistheorie, die eine Kombination von Spiritualismus und Sensualismus ist. Die abstrakte Idee wird erfasst in der Empfindung und das Eine vervollständigt das Andere. Der moderate Realismus der Scholastiker ist eine via media zwischen naivem Realismus und Phänomenalismus. Die scholastische Theorie der Einheit von Seele und Körper setzt den Menschen in eine mittlere Position zwischen dem rein Spirituellen und dem rein Materiellen. Die Begrenzung der Aktualität durch die Potenzialität und der Form durch die Materie ergibt einen moderaten oder gemilderten Dynamismus, denn das aktive oder dynamische Prinzip (die Form) expandiert in ein passives und ein quantitatives Element (Materie) und so haben wir eine Korrektur der Lehre von der reinen Energie. Dieselbe Mäßigung finden wir in der Ethik, in der intellektuelle Freude nicht eine vernünftige Zufriedenheit des Körpers ausschließt, und die Pflicht ist harmonisiert mit dem Vergnügen. Dasselbe zeigt sich wieder in der Sozialphilosophie, wo das individuelle Gut harmonisiert ist mit dem Gemeinwohl des Ganzen. In der Logik unterstützen sich deduktive und induktive Methoden gegenseitig und ähnliche Beispiele könnten noch vermehrt werden. Ihr Sinn für Mäßigung macht die Scholastik zu einer eminent humanen Philosophie.

Man kann sagen, dass der Sinn für Proportion in allen Dingen eines der Kennzeichen der neolateinischen und anglokeltischen Zivilisation des zwölften und dreizehnten Jahrhunderts ist und dass er eines der feinsten Erbgüter ist, die diese Jahrhunderte den modernen Zeiten übergeben haben.[1]

Es gibt noch einen weiteren Grund für die weite Verbreitung des Thomismus im Westen, nämlich die lehrmäßige Geschlossenheit.

II. *Lehrmäßige Kohärenz.* Ohne lehrmäßige Kohärenz könnte keine Philosophie kraftvoll sein oder den menschlichen Geist zufriedenstellen, der stets nach Ordnung und Einheit strebt.

Von diesem Gesichtspunkt aus betrachtet ist der Unterschied zwischen den Scholastikern und den modernen Philosophen auffällig. Kant zum Beispiel führt in seiner Philosophie Fächer ein, die durch feste Wände voneinander getrennt sind. Wissenschaft hat nichts zu tun mit moralischen Handlungen; private Handlungen und äußere gesetzliche Beziehungen sind durch unterschiedliche Prinzipien reguliert. Oder ein Mann wie Taine beschäftigt sich nicht mit den Auswirkungen seiner Theorie der Wirklichkeit auf moralische Pflichten. Ähnlich teilen eine große Zahl unserer Zeitgenossen ihr Leben in zwei Teile – ebenso wie die griechischen Skeptiker erklär-

[1] Vgl. *Philosophy and Civilization in the Middle Ages*, Chap. XIII, "Philosophy and National Temperament in the Thirteenth Century", Heusenstamm 2012: Editiones scholasticae

ten, dass Gewissheit unmöglich in der Theorie erreicht werden kann, aber in der Praxis so handelten, als besäßen sie Gewissheit. Viele Menschen erklären sich als unfähig die Existenz Gottes zu beweisen, erkennen aber gleichwohl Gottes Existenz als ein Postulat an, das notwendig ist um zu handeln.

Nichts ist schmerzhafter als diese innere Zerrissenheit, die jemanden dazu führt zu sagen, dass etwas, das in einem Kontext wahr und wertvoll ist, in einem anderen Kontext aufhört dies zu sein. Und nichts steht mehr im Gegensatz zum Geist des Thomismus. Hier stehen wir von Angesicht zu Angesicht einem System oder einer doktrinellen Ganzheit gegenüber, in der jegliches notwendig ist für das Übrige. Wahrheit kann nach Thomas nicht der Wahrheit widersprechen, und eine Lehre, die in einem Bereich gesichert ist, ist gültig für alle anderen Bereiche.

Im Laufe dieses kleinen Buches haben wir verschiedene Beispiele dieser Kohärenz angetroffen. Die Logik ist eng verbunden mit der psychologischen These von der Abstraktion. Lösungen der sozialen Frage beruhen auf dem Wert der Personalität. Die Theorien der Aktualität und Potenzialität, der Kausalität und der Teleologie, die Theorie von Wesenheit und Existenz durchziehen das gesamte System. Überall erkennen wir die Metaphysik, die alles erhält.[2]

Unter den Lehren, von denen die systematische Kohärenz abhängt, gibt es drei, die von fundamentaler Bedeutung sind. Sie ähneln einer spitzen Form, die überall gefunden wird, in jeder Ecke und als Kennzeichen einer gotischen Kathedrale. Wir verweisen auf den Intellektualismus der Scholastiker, auf ihre Betonung des Wertes der mensch-lichen Personalität und des zentralen Stellenwerts Gottes.

Dieser Intellektualismus, deren Hauptrepräsentanten Thomas von Aquin und Duns Scotus sind, verkündet die Vorherrschaft der Vernunft. Zu erkennen ist die edelste aller Aktivitäten des bewussten

[2] Es reicht zwei oder drei Artikel der Summen des Thomas von Aquin zu lesen, um zu zeigen, dass der darin behandelte Gegenstand ständig genannt und mit anderen Gegenständen harmonisiert und ihm sein richtiger Platz im ganzen System gegeben wird.

Seienden, sei es Gott, ein begrenzter Geist wie der Engel oder der Mensch. Wir erfassen die Wirklichkeit durch die Abstraktion und obwohl eine solche Weise der Erkenntnis armselig und begrenzt ist, ist sie das Privileg des Menschen und erhebt ihn über das Reich der Tiere. Wer auf die vorhergehenden Kapitel zurückblickt, wird feststellen, dass sich die Theorie der abstrakten Begriffe über die gesamte thomistische Philosophie ausbreitet. Wenn der abstrakte Charakter der Begriffe bestritten würde, wäre der gesamte Prozess des Urteilens uner-klärbar. Die Möglichkeit der Wissenschaft oder allgemeiner Gesetze wäre abgeschnitten; menschliche Freiheit würde eine Illusion; moralische Ideale, die auf der Erkenntnis und Liebe Gottes beruhen, würden aus dem Leben verschwinden. Auch das soziale Leben würde seinen Charakter ändern, denn das ganze System der Regierung ist nur notwendig als ein Mittel zu moralischem Glück.

Die zweite fundamentale Lehre ist die vom Wert der Personalität. Sie erklärt jeden Menschen zu einem autonomen Seienden, der seinen eigenen Körper und seine eigene Seele besitzt, zu einem Handelnden mit eigenem Verstand und Willen, und mit der Macht zum Handeln. Substanzielle und natürliche Gleichheit der Menschen, das Recht auf individuelles Glück, der Schutz der Person vor dem Staat, der Auftrag des Staates mit Bezug zum Individuum, personales Weiterleben nach dem Tod – alles dies sind Anwendungen des Individualismus, den wir besonders hervorheben möchten. Thomas hatte eine tiefe Abneigung gegen so etwas wie das Opfer personaler Würde und Selbständigkeit. Der Mensch ist keine Ausnahme von der allgemeinen metaphysischen Regel, dass nur individuelle Substanzen existieren oder existieren können, und Gott selbst, der die Welt erschuf, ist ein Individuum.

Schließlich: ist es notwendig zu bemerken, dass Gott überall im System existiert? Alle Lehren laufen auf Ihn hin zusammen, wie die Radien eines Kreises auf das Zentrum zulaufen. Der Gott, den Thomas beschreibt, ist kein *deus ex machina*, ein reines Produkt der Vernunft, ein metaphysisches Lagerhaus für platonische Ideen. Er ist unendliches Leben und es ist das göttliche Leben, das dem menschlichen Leben Sinn gibt. Denn Gott zeigt sich selbst den Menschen als der alleinige Gegenstand, der seiner Erkenntnis und

Liebe wert ist. Es gibt eine unveränderliche und ewige Beziehung zwischen Gott und der menschlichen Natur (*lex aeterna*), und der Mensch der seine Bindung, die ihn mit Gott verbindet, anerkennt, weiß durch diesen Akt, in welcher Weise er sein Handeln ausrichten muss, um Gott zu erreichen. Familienleben, Zusammenarbeit von Individuen in sozialen Gemeinschaften und die natürliche Religion sind die Mittel, die dabei helfen, den Aufstieg der menschlichen Seele zum Unendlichen zu erreichen. Für die Philosophen des dreizehnten Jahrhunderts ist das Leben wert gelebt zu werden und alle Menschlichkeit bewegt sich auf die Glückseligkeit zu.

III. *Philosophie und katholische Theologie*. Niemand hat die Unterscheidung zwischen Vernunft und Glauben stärker betont als Thomas von Aquin (XVI, 4). Das eine ist nicht das andere. Aber die Vernunft führt zum Glauben und Philosophie zur Theologie. Wenn die christliche Offenbarung eine historische Tatsache ist – und niemand im Westen bezweifelte dies zu jener Zeit –, erreicht die Philosophie ihren Höhepunkt in der Theologie. Das Leben des Christen erscheint als eine vollständigere Annährung an Gott, das Sein, vor dem alle anderen so sind, als wären sie nichts. Was der christliche Glaube verspricht, ist eine selige Schau, in der Gott selbst sich der Seele offenbart, nicht mehr in den Grenzen der sinnlichen Welt, sondern wie Er selbst ist.

Damit verändert sich auf einmal die Bedeutung der individuellen Ethik und der Sozialphilosophie. Das Leben wird eine Pilgerschaft (*via*) zu unserem wahren Vaterland (*patria*); eine Pflicht, die aus Liebe zu Gott erfüllt wird, bekommt einen höheren Wert; das rein menschliche Ideal verschwindet vor dem Ideal der *Seligpreisungen* und der *Bergpredigt*; das soziale Leben wird erhellt durch die Liebe der anderen Seelen, die durch Christus erlöst sind. Kunst selbst wird ein Symbol des Göttlichen und für Franz von Assisi, für Giotto, für die Baumeister der Kathedralen wie für Dante erscheint die Kunst als ein Weg, der die lebenden Generationen zur himmlischen Unsterblichkeit führt.

Bibliographie

1. Bibliographie des Autors

Gilson, E.: Le Thomisme. Introduction au système de S. Thomas d'Aquin.Strasbourg, 1920.

Grabmann, M.: Thomas von Aquin. Eine Einführung in seine Persönlichkeit und Gedankenwelt. München, 1912.

Mercier, Nys, De Wulf.: A Manual of Modern Scholastic Philosophy. London, 1917. 2. vols. (neu erschienen bei Editiones scholasticae, 2013)

Sertillanges, A.D.: Thomas d'Aquin. (Collection Les Grands Philosophes.) Paris, 1910.

Sertillanges, A.D.: La philosophie morale de S. Thomas d'Aquin. (Collection historique des Grands Philosophes.) Paris, 1916.

Schütz, L.: Thomas Lexicon. Paderborn, 1881.

2. Auswahl weiterführender Literatur in deutscher Sprache

Feser, E. Der letzte Aberglaube. Eine philosophische Kritik des Neuen Atheismus. Heusenstamm, 2012.

Garrigou-Lagrange, R.: Der Realismus der Finalität. Heusenstamm, 2011.

Hüntelmann, R.: Grundkurs Philosophie I. Werden, Bewegung, Veränderung. Heusenstamm, 2012.

Hüntelmann, R.: Grundkurs Philosophie II. Metaphysik. Heusenstamm, 2013.

Kälin, B.: Lehrbuch der Philosophie. Heusenstamm, 2011.

Kälin, B.: Ethik. Heusenstamm 2011.

Schmöller, L.: Die scholastische Lehre von Materie und Form. Heusenstamm, 2013.

Schönberger, R.: Thomas von Aquin zur Einführung. Hamburg, [3]2006.

Pieper, J.: Scholastik. Gestalten und Probleme der mittelalterlichen Philosophie. München, [3]1991.

Pieper, J.: Thomas von Aquin. Leben und Werk. München, [4]1990.